辯經
理性的浪漫

大乘主義的自由之路

མཚན་ཉིད་རིགས་པ།

羅卓仁謙——著

目錄

3 成佛旅途——利他 122

〔導言〕輪迴 Game Over，然後呢？

二〇一七年寫完《辯經．辨人生》後，我把大量的時間投入在教育一批儲備師資的訓練，從基礎的佛法發展開始，循序漸進介紹大乘佛法、密教的思想。

某次課程的主題是「菩提心」，當天早上在備課的時候，我坐在餐桌旁邊看著資料、在電腦上打下一筆又一筆的重點，我女朋友坐在我旁邊吃早餐。那時我突然靈機一動，問了她一個問題：

「妳想成佛嗎？」

「不想啊。」她白了我一眼（她也算是佛教徒）：「成佛很累欸。」

「嗯，也是。那，妳希望下輩子再轉世來輪迴嗎？」

「不希望啊，生活也好累。」

「但如果不轉世，然後什麼都沒有，死掉就徹底死掉了，妳覺得如何？」

「好像也不太對勁！」她皺著眉頭，手上拿著吃一半的三明治，沉思一下後說：「我以為不轉世，就是去一個什麼更棒的地方欸。」

「嗯，如果妳想要不轉世、去一個更棒的地方，那除了成佛，沒有第二條路欸。」我笑一笑。

「那我只好選擇成佛了。」她聳聳肩：「可是我覺得成佛好難喔，修行菩薩道也很難，你看 XXX、還有 XXX 都好辛苦……」

她的 mur mur 自動被回到電腦上的我消音了。我覺得，這段對話最適合用來解釋菩提心、解釋大乘、解釋這本書。

《辯經．辨人生》中，我把重點放在一切佛法的基礎——四聖諦，特別是從較接近原始佛法的詮釋角度，來解釋四聖諦與我們的關聯；十六個章節敘述的，正是四聖諦的發展過程。但是在最後一章，我刻意、但也不刻意地對修行的結果下一個終點：沒有了、什麼都沒有了。

換句話說，原始佛法的修行觀，從一開始就是在追求「終結」輪迴，追求「不受後有」、追求「沒有」：沒有來生、沒有轉世、沒有一切。因為只要「有」，就是有漏、就是苦。然而，不少朋友在讀完《辯經．辨人生》之後，跟我的女友有一樣的反應：蛤？沒有了？真的沒有嗎？那……

說不上來，對吧！

正是這句「蛤？」、這群「那……」的疑問，催生了大乘佛法，提出了基於原始佛法的基礎，所開展出的第二種修行之道：成佛之途。換句話說，相對於只追求「終結」有漏的原始佛法，你還有另外一條路可以走：「創造」出人生意義的成佛之道。這也是本書的重點所在。

「成佛之道」這條路說起來比原始佛法的樸素道路困難，但也可以說它比原始佛法的途徑簡單，單看你適合什麼、你看待事情的態度是什麼。

以我自己的學生為例，就是典型的例子：有些對於獨居、投入禪修的生活特別有興趣，這些人或許就較為適合原始佛法時代的修行技巧。而有些人更喜歡與他人接觸，喜歡為他人創造快樂，對於帶領大家一起向前行有更大的熱忱，這些人或許就更適合大乘佛法的技巧。用更長遠的角度來看，佛法的健全發展，這兩者也是缺一不可：單純的前者，會讓佛法失去「人味」、能夠普及的受眾越來越少；而單純的「後者」，則會容易讓佛法世俗化，為求廣度而犧牲其深度。

如前所說，在《辯經．辨人生》中，我已經較為完整地介紹了原始佛法的四聖諦觀。從我自己的角度、乃至讀者的反應來看，我們都可以說《辯經．辨人生》的佛法觀是較為「務實」的，「科學化」、「論理性」比較強的。但這本書要談的既然是大乘佛法，不可否認它就會偏向浪漫、哲學、奔放的思路；特別是在這本書裡面，我採用的敘事方式是將大乘佛法與小乘佛法兩相比較，以這樣的方式來呈現大乘的特色，這也或許是比較少見的呈現方式。

要特別注意的是，在這本書中，我們會關注的是「早期大乘佛法」，也就是原始佛法後期、大乘佛法「興起前」到「正興起」的思想；另外，相對於常見的一些論調，我主張大乘佛法不但是承繼自原始佛法思想的正統派，更認為，自認繼承原始佛法的小乘佛法，其實才是誤解原始佛法的一方。換句話說，不但大、小二乘都是作為原始佛法的平行繼承者，而且從歷史的必然性來看，正統的一方在大乘這邊，而非一般人所認為的小乘。

這本書的目的，是希望讓讀者認識到一種獨立於《辯經．辨人生》所描述的「戒定慧」以外的修行之道，對佛法的彈性與效益有更多理解；而這一切的起點，源自認識「佛陀」。

1 佛陀，很了不起嗎？

我是個典型的天秤、同時又帶有AB的血型，所以自認一輩子都在「矛盾」、「拉扯」中活著：一方面很嚮往〈陋室銘〉描述的清幽、研究的生活；一方面又覺得，自己的研究如果沒有人理解、對世界沒有產生實際的利益，那我研究幹嘛呢？

更複雜的不只這樣：就算我想要過清幽與研究的生活，但是我還是有經濟壓力吧？如果我要經濟方面無虞，我勢必得對社會有些貢獻（資源只會往能夠好好利用的地方流動），所以我必然是不能完全與社會斷聯；但如果我與社會互動得更多，那勢必會犧牲我的研究時間，就像很多大學內部，當教授開始兼行政職後，學術研究能力就會下降一般。

這種矛盾不只我有，每個人都有，最典型的表現模式就是麵包與愛情、職場與個人生活。如果想要保有一點「自己的空間」，那我與人的互動就得減少，這看起來像是得到了某種自由，但也失去了某種自由（經濟獨立 or whatever）；但如果希望自己能夠對社會有更多貢獻（或是說，被社會利用得更好），那我的個人空間就得犧牲了。另外一方面，如果想要穩定的家庭生活，那的確會少誘惑、單純許多，但是可能就失去了某些能力與經驗的培養，導致老來「被離婚」？如果為了保持個人在經濟上的自由與獨立，或許就得面對家庭以外之社會中的一切誘惑，分分秒秒挑戰著我們對穩定生活的渴望……

怎麼辦？

佛法中也有這樣的矛盾存在：追求「個人空間」的原始佛法之阿羅漢們，以及希望能夠跟社會更緊密的「菩薩」，大家基於性格而做了不同的選擇、面對不同的壓力，他們選擇了不同的價值觀，又相對犧牲了一些決定。所以，這章節要談的不是「該怎麼辦」，而是要談一種典範：看看以前的人怎麼做，或許我們有另外一種不同的做法。

但不論我們要選擇哪種價值觀，都得先認識他們兩系的共同目標：佛。

我讀書的時候，我們一直很自豪佛法有一個特質：相對於其他宗教會強調他們的創世者、神或造物主，說是無所不能的大能者，而佛法裡面從來就不認為「釋迦牟尼佛」、任何成佛的個體是無所不能的，我們都說他是「無所不知」的。所以當時我們就覺得自己的思想比較優越，會覺得：「你們這些笨蛋，怎麼可能有人無所不能呢？人不可能無所不能，但有可能無所不知。」從那時候一直都會有這種想法，自認我們的主張比其他宗教的主張優越。

在印度語言中，佛陀（Buddha）意即「覺者」、「覺悟者」，而這個覺悟又可以從兩個角度來談：對一切現象本質上的理解（深），和對一切現象範圍上的理解（廣）。

《瑜伽師地論》：「云何真實義？謂略有二種：一者、依如所有性，諸法真實性；

二者、依盡所有性，諸法一切性。如是諸法真實性、一切性，應知總名真實義。」

但是當我們越學越深的時候，發現了一些很強烈的矛盾。我印象最深刻的是，在我以前研究的學科裡面，曾經記載了一些哲學家們對佛陀的質疑。

在文獻記載中提到，有一支特別有名的宗派叫耆那教，在佛教裡面又被稱為「裸形」（因為他們許多的修行者都不穿衣服）。耆那教對「無所不知」提出了很現實的質疑：「怎麼可能有人無所不知的呢？你不可能知道人類的頭髮的數量有多少，你也不可能知道世界上有多少隻蟲子。」其實這是一個很「務實」的問題。

針對這個問題，後正統佛法詮釋是：佛之所以無所不知，並不是泛指知道所有的事物，而是指，他了解輪迴跟涅槃的一切現象，所以稱之為無所不知。這個輪迴，指的就是四聖諦裡面的「苦」跟「集」，意即了解到人的痛苦是來自何處，以及痛苦的結果是什麼；他也知道如何終結這個痛苦，以及終結痛苦的結果（涅槃）是什麼，所以稱之為無所不知。這也恰巧是《辯經．辨人生》裡面在討論的內容。

所以，如果你讀懂了《辯經．辨人生》，說不定就是佛了，哈。

佛陀是不是真的無所不知呢？我們得先回到原始佛法的角度來看。對於原始佛法者來說，這種辯論是沒有意義的，因為當時的佛弟子們並不在意佛是否「無所不知」；他們在意的，是「痛苦如何終結」，僅此而已，這在《辯經．辨人生》裡面已有所介紹。

事實上，這個問題是在佛滅後，佛的角色和地位逐漸被提高的過程中才出現：他們開始討論佛是否無所不知、有無其他功德。而佛的角色為何會被提高，以致大家開始討論其功德多寡、是否無所不知呢？

⊙ 不完美的阿羅漢、完美的佛？

首先，在佛陀廣大的弟子裡面，也有許多人透過修行而得到解脫，這些人就是所謂的「阿羅漢」。阿羅漢義為「殺賊」，也就是殺死了自己的煩惱與痛苦之賊，已得解脫之意。

原始佛法系統中，佛被視為阿羅漢裡的其中一個，甚至連佛陀自己也主張，自己不過是一名僧侶、一個阿羅漢。《五分律》中佛陀曾說：「我以法攝眾，我亦僧數。」而在佛陀離世之後，仍然有許多其他依循經典建議的方式禪修、得到解脫的阿羅漢們，相繼出現於世，直至今日。

但是，隨著佛的離世，人們對於阿羅漢的失望越來越深，促使一部分人對佛陀越來越崇拜、景仰，為什麼呢？主要的原因是：在佛離世之後才一百年，佛法便進入了充滿爭論的時期。這個爭論時期可以分成兩個階段來說：首先是對教條與規範的爭議，其次則擴大到針對阿羅漢的全面爭議。

第一次爭議事件被稱為「十事非法」。約莫在佛陀離世後一百年，住在西北印度地區的僧團與中印度的僧團，就戒律持守的態度產生歧見。採取保守教條主義的西北印度僧團與採開放主義的中印度僧團之間，就十條戒律內容無法達成共識，埋下了分裂的重要誘因。在這兩系僧團的對立中，雖然都各有幾位備受尊敬的大德，但是在人數上來看，開放主義人數較多，保守主義者則傾向年長。因此許多人認為中印度、開放主義的多數人是「大眾」，而西北印度、保守主義的長者們是「上座」。

《異部宗輪論》云：「佛薄伽梵般涅槃後，有百餘年，先聖時淹，如日久沒。摩揭陀國蘇摩城，王號無憂，統攝贍部，感一白蓋，化洽人神。是時佛法，大眾初破，謂因四眾，共議大天五事不同，分為兩部，一大眾部，二上座部。」

這是某種世代溝通的失敗吧！

無論如何，這種事件的發生對「整體佛法代言人」（也就是僧侶）的形象，特別是阿羅漢以及長老們的形象，造成重大的打擊。從一般人的角度來看：明明你們都是阿羅漢，為什麼會有不同的意見？這樣的背景促成了第二個重要的分裂事件：大天五事。

不久之後，住在中印度的僧團中，有人（據說其名為「大天」）提出了五個事件，強調阿羅漢的不完美；特別是在修行的過程中，阿羅漢必須依賴他人（佛陀）的語言，否則無法真正成就（這段內容被稱為「道因聲故起」）。這一系列的論述得到許多人的支持，更加加深了中印度開放主義與西北印度保守主義的分裂。

西北印度的保守主義者們對大天的憤慨程度，在其代表著作《大毘婆沙論》中可見一斑：「於後大天因遊城邑，有占相者遇爾見之竊記彼言：『今此釋子卻後七日定當命終。』弟子聞之憂惶啟告，彼便報曰：『吾已久知。』還至鷄園遣諸弟子，分散遍告波吒梨城，王及諸臣、長者、居士：『卻後七日吾當涅槃。』王等聞之無不傷歎，至第七日彼遂命終。王及諸臣城中士庶悲哀戀慕，各辦香薪並諸酥油、花、香等物，積置一處而焚葬之；持火來燒隨至隨滅，種種方計竟不能然。有占相師謂眾人曰：『彼不消此殊勝葬具，宜以狗糞而灑穢之。』便用其言，火遂炎發，須臾焚蕩俄成灰燼，暴風卒至飄散無遺。故彼是前惡見等起，諸有智者應知避之。」氣到說人家的屍骨要灑了狗糞才燒的起來啊！

總之，這就是佛法最早期的分裂點。當時，有一部分人還是非常信仰阿羅漢，甚至尊崇他們，認為佛也不過是阿羅漢的其中之一；另一部分的人，則更加相信阿羅漢有他的極限、對他們感到失望。

因此，在這樣的歷史發展背景之下，就開始出現「把佛的特質捧高到阿羅漢之上」、對佛的憧憬越來越強烈的現象。嚴格來說，「佛無所不知」的爭論、對佛個人的崇信，便是到這個時代才出現的。

⊙背錯經典？

另一方面，當大家對於經典開始出現不同的詮釋時，當時的佛教便想要從內部處理這個問題，因此出現了與傳統基督教「大公會議」（處理教義爭端問題）類似的「經典結集」，也就是眾阿羅漢、僧團們一起審視佛陀所說的教法。

第一次的「經典結集」，就發生在佛離世之後。佛在世時，他的教導並沒有以文字記錄下來，而是用口頭宣說的方式傳播。佛的弟子中，有一位非常重要的角色，叫作「阿難」，他是佛的堂弟，據說是在佛成道的那一刻出生，年紀比佛小了大約三十五歲。

這位阿難可能是有記憶力方面的強迫症，能夠記住所有事情，因此曾經有紀錄說，佛將「記錄他的教導」這個重責大任交給他，未來的經典結集則由他來領導，所以被稱為「多聞第一」。因此，以阿難為首的幾個佛的重要弟子，便在佛離世之後舉行了經典結集。

當時有五百個阿羅漢一起進行經典結集，阿難便把記憶中佛所說的話，全部背出來，由眾阿羅漢去審視是否真有其事，再記錄下來。這就是所謂「經典結集」的第一次發生，以及初次將佛的教導以文字記載下來，史稱「第一次結集」。

照理說，將佛的教法記錄下來之後，應該就不會再有爭議出現才對。但在往後的時間裡，僧團卻一次次頻繁地舉行經典結集，這又是為什麼呢？

傳說阿難活到了一百二十歲，那是佛滅約七十五年後。傳聞在阿難離世之前，發生了一件重要的事情：他聽到兩位比丘在背誦佛的經典，但兩個人卻背得不一樣，阿難告訴他們：「你們背錯了。」那兩位僧侶回去問自己的師父，但師父卻告訴他們，阿難已經老番顛、癡呆了。聽聞此事的阿難相當灰心，佛不過離世七十多年，眾人對經典的詮釋卻已經出現莫大歧異。

《人天眼目》：「阿難夜經行次，聞童子誦佛偈：『若人生百歲，不善水潦鶴，未若生一日，而得決了之。』阿難教之曰：『不善諸佛機，非水潦鶴也。』童子歸白其師，師笑曰：『阿難老昏矣！當以我語為是。』」

這個故事彰顯了佛法面對的重大問題：大家對佛的教導都有不同看法。但更簡單來說，是因為每個人的背誦能力與極限不一樣，再加上當時紙張、筆墨的稀有和文本傳遞的困難，所以就開始出現了同一部經典的不同版本。這也促使了人們對阿羅漢的不信任越來越加深，因此才必須一而再、再而三地舉行經典結集。有趣的是，第二次經典結集，正是發生在「十事非法」被提出的前後。

⊙誰是正統？

佛法在此時因而面臨了另一個重要問題：佛法當時已傳播太廣，已經沒有所謂「誰是正統」的概念；佛離世前，並沒有委託、指定誰是他的正統後繼者。雖然許多弟子們請問，他過世後大家應該以誰作為老師時，他回答：「以戒為師。」換句話說，他並沒有指定一位具體的繼承人。當然，後世有許多人牽強付會，例如中國的禪宗認為，佛陀最主要的繼承弟子是大迦葉（「拈花微笑」這個故事的主角），但其實並沒有很明確的經典根據。

這樣的狀況，導致「經典結集」並沒有發揮原本預期「確定正統」的效用，比如現代史稱的「第三次結集」，其實分裂就發生在各個派系之中。換句話說，第二次結集時，大部分的派系都有參與、也承認其權威性，但第三次的結集則幾乎是各派系各自進行的。諸如這些發展，都只能讓我們確定，當時某一個派系的看法是這樣、另一派是那樣，而無法篤定地說「當時的正統就是某個宗派的思想」。

佛法傳播太廣並缺少正統觀、眾人對佛離世之後的眾阿羅漢或在世僧侶們感到不信任，這兩者便是原始佛法在後期極為重要的轉變。正是在這樣的時代脈絡下，佛法開始走向緬懷佛陀、大大景仰佛陀，因為不會再出現像他這樣的明星了。

人們對佛的崇拜越來越提高，這一點便是本書最重要的核心基礎與發展土壤。我們在上一本書《辯經．辨人生》裡，討論的都是佛在世時的事情，而原始佛法面對的問題比較單純；但是，現在進入到了佛離世之後的時期，也就讓情況變得更為複雜，就像我們的人生一樣。

為什麼要了解「佛」被神聖化的過程？這與我們有什麼關係？

由於原始佛法強調的，是一個追求「個人生活」的修行系統，導向「個人涅槃」的終極目標，所以在這個時候，學人不需要具備太多能力，只需要能夠管好自己（這其實也不容易），從約束身開始，走向約束心，再走向約束認知，而得到解脫；這是一系列「約束」的修行，如果用藝術層面來看，或許與「極簡主義」相似。

然而，後原始佛法時代（後面會解釋這個詞的意涵）開始意識到，不是每個人、甚至大部分的人都無法走上「約束」之途。就算在現代，你也必須有很好很好的運氣，才可以不工作、沒有社會義務地投入個人生活或是個人修行中，遑論是在勞動力缺乏的古代？直接導致的，就是大部分的人根本不可能走「極簡主義」的道路。那麼，難道他們就沒有訓練自心、走向解脫的機會了嗎？後原始佛法的答案是：「不，要面對多元價值的衝擊，這個學人其實不但有解脫的機會，反而具備比極簡主義者更強大的力量。」

講個好笑的事情：日本人吃飯時喜歡規規矩矩，湯歸湯、飯歸飯、菜歸菜，東西都擺得整整齊齊，分列清楚；但印度人徹底相反，他們喜歡把所有食物都混在一起，一坨一坨地吃。我看過不少日本朋友看到印度人吃飯方式後，嚇到不能自己、覺得非常噁心；但我幾乎沒聽過印度朋友抱怨日本人的擺盤方式，他們反而都盛讚日本人很有規矩，然後再自嘲地說：「阿我們就一團亂。」

你聽出什麼了嗎？

能夠擁抱混亂，是一種勇氣與能力。以前說為喻，那麼追隨極簡主義的就是原始佛法體制下的阿羅漢，擁抱多元與混亂的則是後期佛法所認為的佛陀。在不少經典上都說過，佛陀是唯一具備處於「五濁惡世」的混亂中而泰然自若，《阿彌陀經》就說：「釋迦牟尼佛能為甚難希有之事、能於娑婆國土五濁惡世：劫濁、見濁、煩惱濁、眾生濁、命濁中，得阿耨多羅三藐三菩提為諸眾生。說是一切世間難信之法。」

要了解佛陀如何具備這樣的能力，就必須了解當初佛陀神聖化的過程；進而認識到，在這多元混亂的時代，我們能如何像佛一樣，泰然自若。

⊙多面向來呈現佛，惟獨沒有佛像

回到主題。佛陀被神聖化的過程是多面向的。首先，佛陀剛離世時，人們透過許多面向來呈現對佛的景仰，例如：佛法早期是不可以造佛像的，這在經典上有嚴格的記載。這個規範跟伊斯蘭教「不能畫出真主和先知的聖像」有點類似。

早期佛教的繪畫，是不能畫出佛陀的。因此，你會看到各種象徵物來指涉佛陀，比如用佛的腳印來象徵佛出生，用一棵大樹象徵佛的覺悟，用一個墓碑象徵佛的涅槃，一個輪子象徵佛說法，諸如此類。甚至在某些藝術作品描述佛陀騎馬出城、奔向森林出家的故事中，會看到一匹馬的上面有天人拿著寶傘要為乘客遮陽，但馬鞍上卻空無一人（實際上佛陀坐在上面），這些都是因為反對偶像崇拜而不將佛陀的形象畫出來。

但是，到了佛陀崇拜盛行的當時，大家開始盛行造佛像，甚至到了什麼地步呢？開始有不少傳說，主張某些佛像是佛陀親自造的、或是「如我像」——也就是佛陀本人說「這尊像長得就跟我一樣」之佛像——的出現。歷史上最有名的如我像大抵有四尊：傳說為優填王以旃檀木雕刻的佛像「旃檀瑞相」，還有現存於西藏大昭寺的「覺沃佛像」、小昭寺的「不動金剛佛像」，以及印度菩提迦耶正覺塔的「降魔成道像」。

有趣的是，當時的人一開始替佛陀造像的時候，其實是按照印度人想像中的樣子製作。當時，他們心目中的聖人所擁有的至善美的形象，必須具備了「三十二相，八十種好」等一百一十二種美好的特質，有些特質聽起來很令人匪夷所思，例如：聖人身上每根毛髮都是右旋的；或是聖人走路時，你從後面叫他，他一定會往右轉身，而不是往左——但這些都是古印度人認為聖人會有的特質。

因此，不只是佛弟子們為佛陀造像時沿用了這個形象，最有名的相似例子是比佛陀再早一點出現的耆那教大雄（Mahavira，耆那教的改革祖師），其弟子們為他造像時，也是以同樣的形象去雕塑的。所以如果你到海外有名的博物館參觀南亞藝術區，不明所以的人，往往會把大雄誤以為是佛陀，因為長得太像了！

⊙佛好了不起？佛被神聖化了

另外，在佛陀的時代，佛陀對於一般人日常修行的建議，其實都非常個人與單純，例如：你應該要多花一點時間禪修、他應該多花一點時間檢視自己的行動等等，不太帶有信仰的元素。但到了佛陀崇拜興盛的當時，大家對佛的尊崇開始如繁花般盛開在各個面向：藝術（佛像）、理論（強調佛的完美特質）、日常行為以及修行（鼓勵崇拜佛像和佛塔）等等，導致崇拜佛像、佛塔的文化開始盛行。

其中一個具體的例子就是所謂「佛舍利」崇拜。雖然佛在世時，就有表示他會留下一些遺骨，但當時那不過是一個「懷念的基礎」，更客觀來說，在古代有遺骨是很正常的。由於當時的焚化技術沒這麼發達，火的熱點沒辦法高到將人的身體全部燒毀，所以勢必會有遺骨的存在。但在佛陀崇拜興盛的當時，大家已經有將「佛留下了遺骨」神聖化、無限上綱的態勢。比如在《佛所行讚》描述佛陀遺體焚化後：「雖燒外皮肉，金剛真骨存，香油悉燒盡，盛骨以金瓶；如法界不盡，骨不盡亦然。」

可見，雖然佛遺骨——舍利的崇拜一直存在，但已經出現「神聖化」的詮釋，並在當時成為風潮。而這些現象都指出，人們對於佛陀的信仰，已經遠勝於對阿羅漢的景仰。

在佛被越來越神聖化的認知變化之下，人們開始認為：佛陀必定有他的殊勝跟特別的性質存在——專有名詞稱為「身、語、意」，也就是佛的生理、語言、心理狀態，都具備了神聖的、或是特殊的特質，導致對於「佛本身具備的特質」的爭論，便於焉展開。這也是佛法開始進入大乘佛教的重要契機。

一旦開始討論佛陀具備的神聖特質，接下來的問題就是：為什麼佛會這樣？為什麼佛能夠具備這些跟阿羅漢不一樣的特質？換句話說：他為什麼能夠忍受多元的紛擾，能夠具備更大的勇氣與能力？也可以說，當時的人和眾阿羅漢都慢慢達成了一個共識：佛比我們都厲害。但隨之而來的問題就是：佛是怎麼得到這些特質的？

⊙與時俱進的詮釋

討論這個問題前，我們要先退一步認識佛法的思想發展模式：一、隨著時代的進展，佛法外圍一定會有新的思想被提出；二、這個新思想該如何跟舊思想合作；三、最後是新思想能否被舊思想詮釋。如果這三步都達成了，這個新思想才會被保留下來；如果不行，最後就會被視為異端。

這在佛法的思想發展上是非常重要的一個過程。舉個最簡單的例子：為什麼現在不少人會認為台灣如來宗的妙禪是邪教？在佛法的歷史中，也曾出現許多類似的人物啊！濟公就是一例。

從某個角度來說，濟公所行之事跟妙禪很類似，他也是使用某種神祕力量在幫助別人（或是看似在幫助別人），也有很多人崇拜他（當然，我們可以說濟公沒有那麼強烈的物質追求）。從這個面向來看，為什麼這兩個人會受到極端不同的待遇呢？

明明兩個東西是類似的，但有些東西會被排除在正統佛法之外，而有些則會被囊括其中，其關鍵在於：在傳統的理論上要如何解釋這些行為？有沒有詮釋的空間？如果有的話，就比較有機會被接受，在所謂正統的範圍內站住腳。

回到一開始的問題來看，就是「佛具備許多功德、美善」這件事，雖然是後原始佛法的潮流，但這要怎麼在原始佛法的框架之中解釋？這是當時面臨到的重要問題。如果推崇佛陀功德的思想家們，沒辦法在原始佛法的框架下解釋這件事情，那佛陀崇拜最後就會淪為異端。

⊙佛為何了不起？《本生經》的故事

在這樣的討論之下，「本生」的概念就開始浮現。本生的意思就是：佛陀不只是在他這輩子修行而已，而是在過去的好幾輩子就做了很多準備。這種主張的捍衛者，就是佛法一系列被稱為《本生經》的經典，裡面有各式各樣的故事，描述佛陀在過去世造過無量無邊的善業。這些善業是什麼呢？

其中一個故事是這樣的：佛在過去世中，曾經是一個國家的君主。當時他曾下達一個旨意，就是：在他的國家之內，只要來向他尋求幫助，他百分之百會答應。於是，就有兩個天人各自變成老鷹和鴿子，想要給國王一個考驗。

老鷹展翅追在鴿子後面飛，一路來到了王宮。國王請求老鷹不要吃掉鴿子，但老鷹便責難他：「你怎麼可以對鴿子慈悲，不對我慈悲？你若給他活，我就會餓死，那你的慈悲也不過是片面、騙人的。」

於是，國王便答應割下自己的肉給老鷹吃；但是，老鷹要求國王至少要割下跟鴿子同樣重量的肉，於是便拿來一個天秤。不可思議的事發生了，國王怎麼割，肉都無法超過一隻鴿子的重量（因為是天人變的嘛），最後，國王整個人都爬上天秤，才平衡了重量。

《大智度論》記載：「如韋羅摩菩薩。十二年布施已莊飾乳牛七寶，及婇女各有八萬四千，及諸餘物飲食之屬不可勝數。又如須帝拏菩薩下善勝白象施與怨家，入在深山以所愛二子施十二醜婆羅門，復以妻及眼施化婆羅門；爾時地為大動，天為雷震，空中雨花。又如薩婆達多王自縛其身施婆羅門。如尸毘王為一鴿故自持其身以代鴿肉，又如菩薩曾為兔身自炙其肉施與仙人，如是等菩薩《本生經》中所說。」

上述的這些類似使徒精神的奉獻之途，都是記載於《本生經》，也就是釋迦牟尼佛自己過去的修行；而這龐大的一系列本生故事，解釋了正是因為佛陀過去世做了這麼多辛苦的事，所以他比阿羅漢了不起；他之所以具備了所謂「三十二相，八十種好」等等特質，之所以具備無所不知的能力，之所以具備這些美好的生理或心理功德，都在《本生經》的故事中一一被解釋。因為佛陀在過去世的犧牲，成就了他現在世了不起的結果；因為他的勇氣，讓他具備了無比的能力。

當然，在這個階段來看，佛和阿羅漢在解脫的成果是一樣的，但不一樣的是：在這輩子的解脫以前，佛陀、或者說釋迦牟尼，曾經做出更多的犧牲與貢獻，這些貢獻記錄在《本生經》中，詮釋了佛陀的殊勝性和特色。而這樣的描述，也讓重視「因果關係」的原始佛法得以接受：正因為有過去世層層累積之因，才有此世圓滿成就之果。

本生故事最早的傳說，也就是「本生之首」，據說是：佛陀曾經有一輩子是一名商人，叫做「大悲商主」。在佛教用語中，只要提到商主，通常都跟海有關，因為古印度這種商人往往不是販賣一般商品的商人，而是珠寶業者，所以他們通常都會入海尋找珊瑚、珍珠一類的珍寶。

這個故事記載了大悲商主某次坐船出海的事情。當時他是商隊的領袖，底下有五百位商人，回航時，他的船長覬覦商隊的錢財，想要把他們殺掉。大悲商主知道了他的計畫之後，便知道，不論他是要救全船的人、殺死船長，還是要讓這位船長如願，都不會有好結果。但是，他最後決定殺死船長，由自己承擔這個責任與罪業。

《大寶積經》云：「善男子！大悲導師如是思惟：『我今當自殺之；我以殺此人故，雖百千劫墮惡道中受地獄苦，我能忍之；不令惡人害五百菩薩，作此惡緣，受地獄苦』。

善男子！爾時大悲導師生哀愍心，作是方便：『吾護五百人，故害此惡人』。是時導師。即以矛刺殺惡人，令諸賈人安隱得還至閻浮提。善男子！汝勿有疑，爾時導師則我身是也……我於爾時行方便大悲故，即得超越百千劫生死之難。」

根據經典記載，這就是佛陀的本生故事之首，在此之前，他也跟一般人一樣，陷在輪迴之中；但從大悲商主那一輩子開始，他就進入了「修行之道」——因為他為了救一個人而做出極致的犧牲奉獻。他不是因為討厭這個人而殺害之，而是為了救他，而殺害他。

這個故事一直流傳下來，但後來的大乘佛教也在此故事上做了更多詮釋，埋下了大乘佛法的伏筆——如果為了救人，可以殺人。但此處暫且不表。

⊙ 少數人的成佛之道

我們在前面提到，因果概念是佛法很重要的基本價值觀。佛法在思考問題的時候，一定要討論「是什麼因導致什麼果」、這件事發生的由來是什麼？

《本生經》中就是在談論這種概念，解釋釋迦牟尼佛之所以會具備如此多優良的特質，正是源自過去世長久的準備與修行。但是，這在原始佛法中，其實並沒有多做談論。

佛離世之後，在佛法真正開始分裂之前，原始佛法進入到了「後原始佛法」的階段。當時，眾人還是對某些事情有一些共識，也就是承認了佛陀的本生故事、也甚至進一步肯定佛陀在過去世的修行導致了現在的結果，這與佛在世的原始佛法是不一樣的。但是，後原始佛法有一個非常重要的特點：雖然他們承認佛陀過去世的修行，但並不認為這是多數人都可以走的道路。

後原始佛法並沒有積極地要討論，是否有一條「成為阿羅漢之道」、一條「成為佛陀之道」的兩條路，以及這兩條道路該怎麼行走，而是單純止步於「為什麼佛比阿羅漢還神聖」。換句話說，雖然他們提出了成佛之道、也就是菩薩道的可能性，但並不認為這是普世皆可行的道路，而是極少數人才能走的。

更確切來說，從過去到現在，包括佛陀在內，只有七個人能走，我們稱之為「過去七佛」，作為佛教根本的《戒經》就只記載了這個世界出現的總共七尊佛：「毘缽尸式棄，毘舍俱留孫，羯諾迦牟尼，迦葉釋迦尊；如是天中天，無上調御者，七佛皆雄猛，能救護世間。」

現在許多人會以為大乘佛法才支持菩薩道，而小乘佛法或原始佛法就不支持，但實情並非如此；後原始佛法並不反對菩薩道，但認為只有「極少數」適合的人才可以走這條路。那什麼樣的人適合呢？這裡就來到一個關鍵的概念：「授記」，也就是預言。

在經典上面，佛陀有時候會明確地談到「哪些人」要行菩薩道、最後將能成佛，這就是授記；除了這些人之外，其他人是不可能行、也不需要行菩薩道的。也就是說，既然菩薩道存在、也只適合少數人走，那哪些人是這些「少數人」，只有佛陀有判斷能力。

授記的過程往往就體現了「勇氣→能力」這件事情。比如記錄了這個世界的釋迦牟尼以外，其他世界的佛陀「被授記」過程的一系列經典（這種經典一般稱為淨土法門），包括《不動如來經》與《無量壽經》中，都記載了某個個人在得到佛的授記前，必然是因為他發下了某種「願」。

比如《不動如來經》中記載主角在發誓要投入利益眾生的修行後，經文說：「舍利弗，是故此比丘號為不動，時廣目如來應正等覺隨喜此號，告比丘言：『善哉！善哉！比丘！汝修菩薩行時得如是名，比丘！汝成就阿耨多羅三藐三菩提正等覺時，佛名亦如是、號為不動。」

而《無量壽經》更是記載本名為法藏比丘的主角——阿彌陀佛，為了建立一個完美的國度而經過長時的思考，最後立下四十八個大願，而得到授記。換句話說，正是因為他們一開始的「勇氣」，而得到「授記」，才有最後的「能力」。

而在後原始佛法之後，佛法就進入了真正的分裂時期，亦即「部派佛教」時期，或者可以說，佛法開始有了小乘與大乘之分的前階段。

⊙少數人成佛↓到處都是佛

大乘佛法發起的重要土壤，來自於他們不再認為只有過去七佛，而是把目光放大到其他世界：如果說，過去七佛是這個世界的佛，那假若他方世界中，每個世界都有過去七佛，這樣的話，既然世界無量、佛的數量也就會無量，此時便興起了「十方佛」的概念。

此時大乘佛法還沒完全出現，但「十方佛」理論是提供了未來大乘佛法發展的一個重要元素；在這樣的時空背景下，加上人們對阿羅漢與其他佛陀弟子的更加不信任、只相信佛才能作為信仰與皈依處的心態，十方佛理論就變得十分熱門：雖然我們這個世界的佛陀已經涅槃，但其他世界此時還有其他佛存在，只要去到其他世界，就可以見到他們，並在他們的領導下修行。

那怎麼去呢？古代的人不可能坐船或是坐飛機去，那唯一的方式就是往生了，意即「死後生於彼世界」，這其實就是往生論最原始的樣子。雖然現在的佛法往生論已經變質了，但往生論最原始的樣子，本來具備幾個要素：第一，往生論的修行者絕對不是抱著「我希望去哪裡過爽日子」的態度，而是「我希望學習佛法」；第二，我「只對佛有信心」。一旦這兩個主觀條件被滿足，再加上客觀條件：第一，此土的佛已不在世；第二，彼土的佛還在。兩個主觀加上兩個客觀條件，最後得出的結論就是：我去那個世界學習好了。這就是所謂的往生論，意即希望可以去他方世界，在其他佛的指導下學習。

到這邊為止，都還只是大乘佛法的一個前期。現在許多人在看待佛法發展歷史時，往往認為，在歷史的時間軸上，先出現的是原始佛法，接著是部派佛法；然後稍微晚一點點，從部派佛法長出了大乘佛法與小乘佛法。

雖然這是主流思想，但有點太過簡單，因為在整個發展的過程中，原始佛法跟大乘佛法之間其實有許多事情發生，才促成了大乘的出現。這些事情，包括了我們前面提到的：第一，《本生經》，這在原始佛法裡面不存在、但也不是部派佛法虛構的主張，而是在「後原始佛法」、意即佛離世之後才出現的論點；第二，「十方佛」，十方佛的論點並沒有出現在原始佛法的經典中，但是受後原始佛法承認，這也並不是大乘佛法特有的。

⊙修行的目的是什麼？

那麼，所謂十方佛的淨土理論，就要回到佛法最重視的問題：十方佛的淨土是怎麼來的？基本上，原始佛法討論的只有一組東西：有漏的因與有漏的果。有漏的因包括了以無明為動機，「無明、業力、煩惱」這三個核心，導致了痛苦這個結果，就是有漏因果。依照原始佛教、也就是重視「個人生活」、「極簡主義」者的態度，他們所追求的，是在終結此有漏之因，導致有漏之果的消失；而這個終結「有漏果」的狀態，即名為「無漏之果」。

要注意的是，所謂的「無漏果」並不是得到某個新的東西。想像我們自己是一名病人，原始佛教的態度是「把病治好」而得到一個「無病的狀態」，並非重新獲得一個什麼厲害的東西。

《瑜伽師地論》云：「苦諦如病、初應遍知，集諦如病因緣、次應遠離，滅諦如無病、次應觸證，道諦如良藥、復應修習及多修習。」這裡的滅諦就是無漏之果，而此處以「無病」的狀態來形容。

總之，原始佛法追求的，僅僅是「有漏的終結」，而不是另外要再開創什麼；終結的當下，此即無漏之果，然後像就《辯經．辨人生》說的「沒有了」、結束了，並沒有要再往後追尋更大的意義。到了後原始佛法時期，也是這麼認為。在《辯經．辨人生》中就以相關內容作為第一章：「……不只是悉達多有這樣的思想，當時許多著名的非主流思想家都企圖透過各種方式方式，停止這場沒有終點、沒有贏家的遊戲（輪迴）。……」

然而，大乘佛法的修行目標與此截然不同，大乘追求的，就是在終結有漏後，進一步開展無漏。但在討論此問題前，我們必須釐清一件事：許多人會把十方佛理論當成是大乘佛教獨有的思想，但並不是這麼回事。在佛法早期的時代，許多人接觸十方佛理論的目的，是為了在到達十方佛淨土之後，在那邊追求個人的解脫、終結有漏因果。但是，假若只是把目標放在終結個人的有漏因果的話，都並不能稱為大乘佛教。

因此，大乘與小乘的差異，並非來自於承不承認本生故事或十方佛理論，而是在於：你如何看待你個人的修行、你的目的是什麼？你只是追求終結有漏因而已，還是有更遠大的目標？就算你承認佛了不起的地位，也承認他方佛土的存在，但只要你把目標放在追求終結個人的有漏因果，那你就屬於小乘學人。

作為小乘學人有什麼不好嗎？當然不是。只追求個人的目標有什麼不好嗎？更不是。然而，在原始佛法的體制下，如果一個學人只關注於個人的目標，那他勢必得過上「簡約」的生活，透過一系列的約束，來實踐戒定慧。反過來說，如果一個學人不論是主觀上或客觀上無法接受這樣的修行方式，那大乘佛法那勇於接受混亂與多元的修行技巧，或許就更適合他，但他必須具備更廣大的眼光、宏大的目標。

⊙佛有可能了不起嗎？有漏無漏

如前所說，有漏因果、有漏因果的終結，是原始佛教的核心目標與教理內容，也就是我們在《辯經．辨人生》中討論的四聖諦。但是，當十方佛的理論被提出後，就出現了一個無法改變、無法閃躲的問題：諸佛、包括釋迦牟尼本人，他所具備的那一些美好的特性，是屬於有漏因果，還是不屬於呢？

這裡開始進入到哲學上的思辨問題，基本上，此時已經進入到了部派佛教時期，不同部派對於釋迦牟尼的功德，有不同的主張。舉例來說，有些部派認為，佛說的一切話語，沒有一句是廢話，全部都是有意義地在教導弟子。但有些部派則認為，佛也會講點廢話，例如佛在經典上問候弟子的方式都是：你吃得飽嗎？身體健康嗎？（據說佛陀問候弟子的模板是：「不審少病、少惱，起居輕利否？」這類語句。）

可見，當時對佛陀本人神聖地位的爭論，更加白熱化了：有一派認為，佛陀經過了《本生經》中記載的故事之修煉，純粹在於讓他有能力利益他人，並不代表他就是全然神聖的；另一派則認為，佛就是全然神聖！佛也不用睡覺，隨時隨地都在禪修，就算在母胎中也Ｚ。

這些爭議在一部名為《異部宗輪論》的著作中表露無遺。這部論典集中討論後原始佛法之後，各部派佛法思想上的差異，其中提到有的宗派主張：「諸佛世尊皆是出世，一切如來無有漏法，諸如來語皆轉法輪，佛以一音說一切法；世尊所說無不如義，如來色身實無邊際，如來威力亦無邊際。」

又有些宗派主張：「謂佛五音是出世教：一無常，二苦，三空，四無我，五涅槃寂靜；此五能引出離道故，如來餘音是世間教。」

其他人則認為：「非如來語皆為轉法輪，非佛一音能說一切法；世尊亦有不如義言，佛所說經非皆了義、佛自說有不了義經。」

總之，《本生經》提供了素材，說明了佛透過過去長期積極地利益他人，而成就了勝於阿羅漢的特質；但我們也可以發現，佛本身的神聖性「程度」問題，在當時部派佛教的爭論中，還是沒有一個定案。

這些部派對佛的狀態和功德的辯論，就是聚焦在完美與不完美。最簡單的例子，就是經典上記載，佛在五六十歲後，常常因為腰痛而無法講課。這種事就在當時引起莫大爭議：佛會腰痛，是因為他也受有漏之果的限制——他的五蘊本身仍是有漏之果，還是佛只是在演戲？也就是說，當時的辯論集中在佛的身體是否為有漏，或者說：佛陀在經過了本生的修行之後，是只有心智上了不起，還是身心都了不起？

除了腰痛，佛還曾有一次腳受傷、痛了很久的記載，也讓大家吵個沒完。佛陀有一個堂弟（或堂兄）叫做提婆達多，他跟佛兩人從小就是有瑜亮情結的；但在釋迦牟尼覺悟之後，提婆達多也加入了他的僧團。他一直有一種感覺，就是他自認可以成為佛陀的接班人。這是因為釋迦牟尼成道之後，他的教團中許多最早的元老，都是來自他的家族、也就是釋迦族；他的教團裡面大量出家人都是釋迦族人，甚至於釋迦族有一種想法，認為佛的僧團就是我們的教團。

由於佛陀一開始並沒有刻意要創造、走向普世宗教的計畫，所以釋迦族的族人們認為，以後他們可以接掌佛教的；但這當然與佛陀本人的意志是相違背的。

有一個很有名的事件是：提婆達多公開逼宮，跟佛陀說，你可以退休了，我來幫你講經。結果佛陀在所有人面前洗他臉。佛有兩大弟子——舍利弗跟目連（這兩人都不是釋迦族），公認是他最重要的弟子，佛說：我都不放心把教團交給他們了，更何況是你這個笨蛋。《根本說一切有部毘奈耶》云：「世尊告曰：『汝之癡人！如舍利子、大目連，我尚不以苾芻僧伽而見付囑；況汝癡人、食人洟唾，而相付囑？』」

據說，這是提婆達多黑化的重要原因。從此之後，他想盡辦法要殺掉佛陀，想盡諸如買刺客等各種辦法。其中一個很有名的事件，是佛陀曾經走過一個地方、而提婆達多從山上把一個大石頭丟下去，砸中佛的腳，使他流血。

⊙重要的是四聖諦

這類議題一直被部派佛法中的保守主義者提出、積極地討論：如果佛陀的五蘊是無漏的，怎麼可能會痛？會流血？這些都是有漏才會有的特性：無常、變化、損害。如果是無漏的話，怎麼可能會發生這種事？而信仰主義者們（姑且稱之）就回答：這是因為佛陀在「表演」，這種表演本質上是一種無漏的展現。

比如後來屬於大乘立場的《大智度論》就說：「諸比丘言：『我等大師猶尚有病，

況我等身如草芥能不病耶？』以是事故諸白衣等以諸湯藥供給比丘，使得安隱，坐禪行道。有外道、仙人能以藥草、咒術除他人病，何況如來一切智德，自身有病而不能除？汝且默然，持鉢取乳，勿令餘人異學得聞知也。以是故知佛為方便，非實病也。」

為什麼會出現這個問題，最主要的原因是來自於：佛陀在原始佛法時代的經典上並沒有明確地談到：「有漏終結之後，還會剩下什麼？」所以就無法解釋，有漏終結後，剩下的佛陀之身、佛陀本身的肉體與其反應，是不是真的也是有漏？抑或是可能如同後原始佛法所說，是經過本生的修行後所構成的某種完美？

對於有漏終結以後，還剩什麼，這是被稱為「無記」的問題。無記是原始佛法所留下、讓後代最有爭議空間的問題。這個爭議的核心內容是——佛在世時，有個故事如此記載：比丘們沒事聊天時，開始討論佛陀死後會變成什麼？大家的想法都不一樣，於是便把這個問題拿去問佛陀。佛陀便很明確地說：這個不重要，重要的是四聖諦。

也就是，有漏之因果有沒有源頭，以及終結這樣的因果後有什麼，是不重要的。關鍵是，佛當時反對別人討論這件事，但他並沒有明確地表態說答案是什麼。於是，這就給予後代的大師們，特別是探討「解脫之後還剩什麼」、「有漏終結之後還剩什麼」的人，很大的詮釋空間，留下了很大的伏筆。關於這個故事的細節，在《辯經．辨人生》中有更完整的記載。

可想而知，這樣一個主張，就被兩方拿來使用：信仰派會說，佛沒有說輪迴終結後沒有結果，所以還是有一個真實的無漏之果的存在；保守派則會認為，佛都說不要討論，還討論幹嘛？

可見，其實兩派的對立就是在佛的那時候埋下了這個源頭：兩派對於涅槃或解脫之後還剩下什麼，大家都有不同的想法，而會有這個空間，是因為佛在原始佛經上沒有說清楚。

⊙利他精神的發酵

《本生經》中所提到的利他精神、或者說「使徒主義」，在這個時代、也就是部派佛法的時代開始發酵。雖然對於「有漏因果終結之後還剩什麼」，看法仍然莫衷一是；然而，隨著這種使徒主義的興盛，開始讓佛法走入一個根本性的改革階段，而這個階段最終構成了大乘佛法。這其中牽涉了幾個核心問題：

一、入世的潮流

原始佛法在社會參與上，態度極為消極，不涉入社會脈絡、不介入社會的動態；而原始佛法之所以可以生存，很多時候是來自於那時候的社會時空地理背景的關係：

第一，那時候佛陀在世，明星光環很重要；

第二，那時候僧團沒那麼龐大，幾千人而已，且大都分散而居；

第三，那時候佛法流傳於印度恆河北端、也就是中印度一帶。當時有幾個地理環境特色：那地方很熱，食物不能保存，但食物生產力又是高的，所以可以生產大量的食物，因此，這些出家人早期的形式是乞食托缽。為什麼托得到食物？就是因為有這些地理條件的關係，導致於這樣的型態可以被保留。所以，就算那時候出家人不積極入世，也還是可以生存。

可是，到了佛涅槃之後，佛法生存的過程中，僧團開始走入兩種依賴傾向：一個是依賴貴族王室的支持，在佛陀時代就有這樣的狀況；到了後期，依賴的程度越來越高，這就導致了佛法、後原始佛法的一些宗派們，開始走入了象牙塔，開始不夠接觸群眾，而想當然爾，就會有另一批人選擇想要接觸群眾。但不論是哪一種走法，「越來越涉入社會」、服務大眾所需，是不可改變的大潮流。

二、《本生經》的啟發

《本生經》的故事，提供了利他主義興起的土壤。我們可以大致從《本生經》的一系列故事中，得出一個結論：佛就是基於積極利他，才導致了最後的結果，所以利他的角色必然是很重要的。

三、修行者的心態

許多修行者主觀上是無法滿足於僅僅是有漏的終結，他就覺得這樣不對，怎麼可能只有這樣呢？必然有某個東西在那裡、有遠大的目標，隱藏在有漏的終結之後。正是這一些人、這一股力量，讓利他的議題浮出檯面，這就是為什麼利他、利益一切眾生這樣的動機，何以變得如此重要的原因。

舉例來說，大乘佛法發展初期有幾部很重要的早期經典，例如《兜沙經》，此經講的是十方諸佛的世界和國土的故事，它被認為是大乘佛法裡面一個具有代表性的經典。在這一系列大乘佛法的經典中，內容的呈現方式都是弟子與佛的問答，例如：為什麼諸佛會有這樣的功德？為什麼他會有這樣的世界？而佛陀的答案都是，這些佛在過去世的時候都會發願要利益一切眾生，而積極地希望可以成佛。所以，那時候「利他」就被埋下了一個根本，賦予了有漏終結後、仍有值得追求的意義存在。

在這些背景條件之下，無漏因果中、那個重要的「無漏之果」，它跟有漏因果之間的核心差異，就被認為是建立在「利他主義」的基礎之上；以利他作為動機而導致的結果，就是原始佛法中沒有談到的，一種在有漏因果之終結後所發展出的無漏因果。

更深入來說，原始佛法的核心理念是來自於：對於自我的執著是一切痛苦的根本，所以終結自我的執著之後，就不會有痛苦了。但是，佛法從來就沒有否定「你不應該利他」，所以這就留有極為足夠的發想空間。

釋迦牟尼佛曾經講過一個例子。他坐在一棵樹下並說：「我說過的法就跟我手上的樹葉一樣多，而我知道、但沒有說過的法就跟這棵樹的樹葉一樣多。」但他當時也有說：

「為什麼我沒有說這些法？是因為現在沒有用。」於是，大乘佛法的弟子們就認為，那是因為這些法對追求個人解脫的人沒有用，但不代表這些法不存在。

《大方便佛報恩經》云：「佛坐一樹下，捉一枝葉，問弟子曰：『此枝葉多，樹上葉多？』答曰：『樹上葉多。』佛言：『我所知法如樹上葉，我所說法如掌中葉。』」因此，當時「利他主義」的根基，便由此開始生長茁壯。

為什麼「利他主義」對於無法遵循約束式修行、必須入世接觸社會的大眾這麼重要？我們可以先看一個歷史上的例子。

阿育王（Asoka）是佛滅不到兩百年後出現的印度君主，年輕時憑著武力統一了整個北印度，晚年改信佛法，並以弘揚佛法為志業。但很重要的是，他所弘揚的佛法，並不是原始佛法的四聖諦、戒定慧，這些傾向科學、觀察的修持，而是弘揚某種價值觀，包括：禁止無益的殺生、養護老者與病者等等。

這種「主義」式的佛法與原始時代「科學」式的佛法，有根本性的不同。但關鍵的原因就在於：要培養出「科學性」的修行結果，必然得投入大量的「排他性」時間；也就是說，為了調伏煩惱，你只能全心修行，沒空做別的事情。然而「主義」式的修行是一種可以結合生活、甚至於說本質上就是結合日常生活的一種體現。端看我們現在的世界就知道：每個人，都是在自由主義、個人主義或資本主義的大旗下生活著，這些主義深入地影響我們每一個面向。

所以，主義式的修行，是無法過上約束式修行的學人，唯一能夠選擇的另一條道路。

⊙佛了不起之因：利他主義

利他主義可以說是後來構成大乘佛法教義的一個很重要的核心，它是獨立於原始佛法之外的主張。不過，我們須先知道：佛法從原始佛法，一路發展到大乘的興起，這之間的過程不是來自於單一元素；也就是說，大乘之所以會出現，不是因為來自單一一件事。佛法在討論所有問題的時候，都是多因論：它不認為任何事情是來自於一件事，而是認為一定有一個主要的誘因，但也有很多次要的構成。

以現在這個例子來看，利他主義是大乘能夠構成的核心條件，不過當然，它也有很多其他的要素。此處所說的利他，有幾個核心表現：

一、獨立於原始佛法之外

原始佛法認為，透過斬斷對自我的執著，而能夠終結有漏之因果，這是它的目標與核心。大乘佛法並不否定這樣的修行方式，可是認為，也有其他的修行方式，一種比終結有漏因果更宏大、遙遠的修行方式，此即利他主義。

當然，在大乘佛法的早期，並不認為每個人都要來走在利他主義之中，而是有「一些人」適合走利他之路，最好的典範就是釋迦牟尼佛，而這對於佛法的學習者與共事者來說是有共識的。因此，大乘佛法的核心要素，就是基於希望可以「積極利他」的這件事，而展現出強大的行動。

記得許多讀完《辯經．辨人生》的朋友、學生，都對於書的最後以「沒了」做為結尾的這件事情感到困惑。我在課堂上也常遇到不少人提問：修行的終極、解脫的終極，就是「沒了」嗎？大家幾乎無法接受這種答案，總覺得解脫之後還有什麼、還有點什麼？

特別是，不少朋友接觸佛法，其實不是只是因為單純自己生命有什麼問題，往往是有更進一步的追求；或者是希望透過個人的修行，利益親友。這樣的過程與現代心理學研究的發展進程類似：一開始大家只想解決問題，但慢慢地，大家開始想：「除了解決問題之外，我們能否讓生命的品質更高呢？」

正是這樣的動機、抱持這樣想法的人，建構出了大乘佛法，他也適合大乘佛法；如果你覺得，修行的道路終點不是消極的「什麼都沒有」，而是積極的「還要有什麼」，那大乘道路就更適合你。而這條道路是什麼呢？就是利他之道。

二、慈悲之上，樂意行動

我們一般講到利他，都會認為是「慈悲」。慈悲的理論，在原始佛法中也存在，原始佛法也有所謂的「慈悲禪修」，即：慈心觀——慈心的觀察，悲心觀——悲心的觀察。佛法認為，慈跟悲是兩個獨立的心理狀態。一個是希望對方沒有痛苦，那叫作悲；一個是希望對方得到快樂，那叫作慈，專有名詞為「慈為與樂，悲為拔苦」。

原始佛法中也存在慈悲的訓練，但原始佛法是把它當作一個方法與技巧。如果一個修行人一直處在很憤怒的狀態，很容易動怒，為了要對付、處理這樣的負面情緒，原始佛法很鼓勵修慈悲的練習。但大乘佛法在這個基礎之上有一個很大的特點：在慈悲的基礎之上，最重要的一件事情是你必須付諸行動，不是只是站在那邊希望人家快樂就好，你必須積極地認為這是你的責任，它是昇華的。

大乘佛法認為，在慈跟悲之上，加上一個很重要的叫做「增上意樂」，就是指慈悲的昇華版；而昇華的表現就是你意識到「責任」這件事，從一個單純的「喔！我希望對方可以快樂、不要痛苦」昇華到認為那是自己的責任。

《海意菩薩所問淨印法門經》上說：「譬如世間有大長者唯有一子，慈育憐愍深加愛念；時彼童子愚小無智，於穢井邊而為戲舞，以幼稚故忽墮井中。爾時其母及彼親族俱見其子墮穢井中，見已憂愁競前觀井深不可測，徒極悲苦，無能為計入其井中，雖痛愛子不能救拔。是時其父知已奔至，見彼童子墮穢井中，臨視哀惱蒼惶旋轉，深愛此子不生厭捨，即設方計入其井中，善為救拔令子得出。」這裡用一個有一點性別歧視的譬喻，來形容父親與母親兩者，在面對孩子掉到糞坑時的反應。

而這部經典又說：「童子之母及親族者，即是聲聞緣覺乘人（小乘人）；見諸眾生墮輪迴中，見已雖復心懷憂惱，無有方便而為救拔；彼大長者即是菩薩，而諸菩薩雖以無垢潔白清淨之心住無為法，然復和合三界所修之行化度眾生。」大乘佛法就是以此來形容小乘佛教是婦愚之人，一點積極的作為都沒有。

這個例子中，前者是慈悲的表現，後者是增上意樂的表現。慈悲是一種單純的希望，但並不認為這有自己的責任；而增上意樂的特點，就是自認有這樣的責任、認為自己要負起救護眾生的責任。當然，在這個時代，大乘佛法並不鼓吹「每個人都要這樣」，並不是說「慈悲之後一定要走增上意樂」的路線，這只是純粹在描述，兩者是不一樣的。

所以，大乘佛法在當時的解釋就是：增上意樂是一個獨立於原始佛法、是在原始佛法的經論上沒有明確談到的東西；最重要的是，這也不是有漏之因或有漏之果，而是《本生經》中所呈現的無漏之因。這就是大乘的態度。

大乘所講的慈悲，不是只是一個單純的「我希望對方快樂」，而是說「我認為我有這個責任，而且我從現在開始付諸行動」。因此，大乘佛法是一個非常重視行動的一個修行體系。

⊙ 關於「愛」的不同定義與表現

《大乘莊嚴經論》：「菩薩念眾生，愛之徹骨髓；恆時欲利益，猶如一子故。」

大乘佛法的經論中在解釋利他主義的時候，時常認為那是一種「愛」的表現；但這樣的論述對於原始佛法來說，是一個非常危險、甚至帶有挑戰性的主張，因為這樣的論述，幾近是犯了原始佛法之大忌。

原始佛法對於「愛」是極為批判的，認為正是因為「愛」這個東西，而讓我們身陷於輪迴之中。原始佛法認為，「無明」雖然是輪迴的根本，但是會讓你一直轉世的動力是「愛」，是不同於無明的東西在讓你轉世的；所以，會讓你陷在輪迴中的，是無明，可是會讓你一直轉世的，是愛。

理論上來說，當我們斬斷愛也就不會再轉世，但是因為愛是來自於無明，所以現在斬斷愛，愛還是會長出來。換句話說，真正在產生作用、推動我們輪迴的，是愛；而其根本，則是無明。所以原始佛法對於「愛」非常批判：由於愛的這種強烈不捨的特性，而讓我們不斷轉世。相關內容請看《辯經．辨人生》。

大乘佛法並不反對這件事，可是大乘佛法認為，所謂的「愛」，有可能有不同的呈現；換句話說，大乘佛法跟原始佛法二者，在看待「愛」的定義時，有些主張共同，但有些想法不一樣。

兩者都承認「愛」帶有「不捨」的特色。作為其共同的定義，如此「不捨」的特色是一種心理上的特色，心理上感到不捨，導致的結果就是你想要付諸行動去做點什麼。

但是，大乘佛法認為，原始佛法之所以會主張愛一定會導致我們輪迴，還有很強烈認為愛是有漏，其根本原因是：這種「愛」是以無明作為基礎所發展出來的，進而對於個人和個人所擁有的一切人事物，產生強烈的執著，這就是所謂的「愛」。

換句話說，這種主張也就是認為：愛必然是無明所產生的，而且是在無明後必然會產生的。這是因為「愛」都帶有貪戀過去、不要改變、維持現狀的的特性，但一旦我們看「明」事物本身都不停在變化、都是無常的，那怎麼可能還會想要追求「維持現狀」呢？

舉個粗俗的例子，就是：每個人在夜店、酒吧看起來都比平常美好幾倍，所以可能我們會因為在夜店看到某個女生就情欲大發，但最後曲終人散，大家來到燈光下，就發現原來不是那回事。

現在想像，整個三界輪迴都是這間夜店，而包括我們自己在內的大家都是恐龍妹或醜男，因為燈光才讓大家看不清楚（無明）而產生情欲（愛）；等到看清楚，就會完全無感了。這就是原始佛法所認為的「愛必然源自無明、無無明則無愛」。而如果你想看更多這種例子，請讀《辯經．辨人生》。

因此，原始佛法不可能接受修行中有所謂「愛」的存在，同時，在原始佛法的經典上面也沒有談到，有一種愛可以讓你得到無漏，反而是很主張「愛」一定是來自於無明所驅使。但是大乘佛法的癥結點在於，認為愛有可能「不一定」源自無明。這裡有幾個主要的原因：

首先，《本生經》證明了佛陀的積極利他，是他的成就的根本之一；其次，大乘佛法認為，所謂的「愛」的定義指的是不捨，而這不一定要有無明摻雜在裡面，完全有可能是以禪修的力量所發動。

換句話說，一般我們所經驗到的「愛」，的確是源自無明的愛。但大乘所主張的利他主義，指的則是沒有無明所摻雜的愛；而這個所謂沒有無明所摻雜的愛，即是此慈悲的核心，當它轉化為行動時，就稱之為增上益樂。

帶有無明的愛情，本質上是一種激情，是一種基於「想像」的情感。觀察我們自己的生活就知道，我們有多少情感都是基於「想像」，而最後破滅的？不論是對愛人、家人，或甚至是在社會服務工作的對象，我們往往忘記對方是個個體的人，是受到無明、煩惱與行為所操控的個體，反而想像對方會「照著我們認為的那個樣子」，而激情地撲上去，最後弄得雙方一身傷，這就是原始佛法所說的「愛」。

但，大乘佛法主張，這種「愛」只是狹義的愛，是無明的愛，是建立在幻想上的「愛」，並不是大乘佛法所主張的愛；大乘所說的愛，是認清事實，了解眾生受到各種無奈所操控，但仍然希望能夠「協助」對方的，這樣的動機名之為愛。

所以，大乘的主張是：愛不一定要摻雜無明，它有可能是在了解實相，就是說它有可能是在看清楚無明、有智慧的情況下，而達到愛的結果。這個智慧會在之後的章節談到，還有談到愛的付諸行動。

《大智度論》中的一段話，相當於這段內容的總結：「迦旃延說大慈大悲一切智慧是有漏法繫法世間法，是事不爾！何以故？大慈大悲名為一切佛法之根本，云何言是有漏法繫法世間法？」

但對於這樣的說法，小乘佛法認為是不可能的：你只要看清楚輪迴的真實，你就不可能產生愛了，你就不可能有任何的不捨可言。

⊙ 愛與智慧

雖然兩邊對於愛的定義不一樣，可是他們有更進一步的辯論，這個辯論圍繞在：我們有沒有可能，在有智慧、也就是看清了實相的情況下，還有愛的存在？

原始佛法、乃至於小乘佛法都認為，只要我們看清現實，就不會有愛，也就是不會有不捨；而大乘佛法認為不一定，認為修行人在看清現實後，也是有可能發起愛的。主要的原因在於，大乘佛法所認為的愛與原始佛法所認為的愛，有階段性的不一樣。

首先，小乘佛法跟大乘佛法兩個都有一個共通的價值觀：他們都認識到輪迴本身是有漏的、痛苦的，認識到這些無常的現實。這種價值觀稱之為「智慧的價值觀」，也就是說，二者在「智慧」的態度上是一致的。

而他們不一致的價值觀，則是在於他們對於「愛」的態度。小乘佛法認為，當我們具備這樣的智慧，自然而然就會追求得到解脫、自然而然不會有愛；但是大乘佛法認為，在得到這個智慧後，我們必須做一個關鍵的事情——觀察其他眾生，意識到他們並沒有這樣的智慧。

所以，在這個階段，二乘享有同樣的智慧基礎，但是大乘多做了一件事，也就是去觀察他人，發現他們也陷在「沒有智慧」的痛苦中，基於這樣的基礎所發起的愛，才是大乘所一再一再強調的愛；這種愛並不是「不捨」某個對象的任何表面形體，而是在有智慧的情況之下，所發起的慈悲。更有甚者，大乘佛法認為，小乘佛法之所以會覺得「有愛必然有無明」，是因為他們自己的愛都是基於無明，才這樣小人之心度君子之腹！

《大智度論》說：「諸聲聞辟支佛不能離眾生想而生慈悲，諸佛能離眾生想而生慈悲，所以者何？如諸阿羅漢辟支佛，十方眾生相不可得而取眾生相生慈悲；今諸佛十方求眾生不可得亦不取眾生相，而能生慈悲；如《無盡意經》中說有三種慈悲：眾生緣、法緣、無緣。」更說到大乘所說的慈悲，是基於對現實的了解所發起：「大悲如《阿差末經》中說，有三種悲：眾生緣、法緣、無緣；無緣悲從畢竟空生。」

或可以說，大乘所說的愛是「同理」，小乘所定義的愛則偏向情欲。

⊙ 修行者的本質

可見，兩系行者（小乘與大乘）在很多問題上，有不可調和的爭論，包括前面提到、看待佛陀身語意的態度，以及這裡提到對於「愛」的看法。更重要的是，雖然兩系對於這些主題有不同的看法，但雙方並沒有絕對地否定對方的存在，大家的爭議是鎖定在「人數」上；換句話說，小乘者承認大乘修行的存在，只是認為那是屬於極少數人（過去七佛等），而大乘者則認為這屬於多數人（但並不是極大多數或是全數）。那麼，要怎麼判斷一個人適合什麼呢？

大乘佛法給予了答案——種姓論。這詞借用自婆羅門教，佛法也沿用此說，但其所表達的內涵略有不同。種姓一詞，原指「天生的血統」，顧名思義，種姓是天生、而沒有後天改變這種事情，它所譬喻的就是：修行者也有所謂的種姓差異。

有一些人不論過去世是什麼生命形態、經歷過什麼，天生就對他人有比較多關懷，有些人天生就沒有，這是種姓論。經典上曾提過一個譬喻：就好像是礦一樣，有些裡面就是有金子，有些裡面有銀子，你不可能把銀子變金子，礦裡面有什麼，一開始就決定了。因此，小乘行者和大乘行者在種姓的認知上根本就是不一樣的，雖然兩者同樣都有智慧，可是大乘行者會多做一件事——會去關照其他人。可是小乘行者不會。那是種姓的問題、是天生的問題。

再退一步說，大乘行者更認為，《本生經》中記載佛陀本人在過去世利益他人的時候，他並不決然是先有了智慧的體悟、才產生利益他人的念想，並非如此；他也是抱持著一般人那種單純想要救別人、想要幫助別人，或者是想要利益他人的心態，才開始了他的利他之途。換句話說，某些人先天上就比較容易有這種心態，而有些人就比較沒有；有這種心態的人，就被稱作大乘種姓，這些人比較適合大乘法門。

所以，不是說大乘行者是一開始就有愛眾生的心態，也不是說大乘行者要先有智慧才能有正確的愛；而是說，當一個人本身就比較有這樣的特性，那這些人在學習佛法智慧的同時，他具備比較多關愛眾生的特性。

可見，大小二乘此時的爭論來到了現實層面的問題。也就是說，兩系之間並不是絕對的二元對立論爭；二者的差異來自於人與人之間不一樣，也就是種姓的差異，不同的種姓會導致不同的結果。

⊙入世→利他→成佛

大乘的利他行為強調「積極進入世界」這件事，這有幾個表現：

首先，原始佛法中，佛的重要弟子都是出家人；但到了大乘，佛的重要弟子幾乎全部都是在家人，像觀音、彌勒等菩薩，幾乎都是在家人的形象，都穿得光鮮亮麗。這種在藝術上的表現，就是要呈現大乘的入世精神。

但這當然不是說「大乘一定要入世」，而是說「大乘是適合那些入世的人」，這些人的典範就是釋迦牟尼佛過去的修行：他在《本生經》中的入世表現，讓他成就了佛果。

除了釋迦牟尼佛之外，一位明確受到授記、確定將來會成佛而且沒有爭議的，就是彌勒菩薩。如果根據原始佛法的說法，這位彌勒菩薩是與釋迦牟尼佛同時的出家人，但他的形象就非常地入世，入世到同時的其他僧侶們都受不了了。《佛說觀彌勒菩薩上生兜率天經》云：「爾時優波離亦從座起頭面作禮而白佛言：『世尊！世尊往昔於毘尼中及諸經藏說阿逸多（彌勒）次當作佛，此阿逸多具凡夫身未斷諸漏……其人今者雖復出家。不修禪定、不斷煩惱！』」

小乘佛法跟大乘佛法兩者，都沒有否定《本生經》裡所載故事的神聖性，以及釋迦牟尼佛過去的辛苦經歷。二者的爭執點在於：小乘佛法認為那是釋迦牟尼的事、不干我們的事；大乘佛法則認為，一般人也可以以釋迦牟尼佛為例，成就佛果。

小乘佛法的反擊則是扣緊在「經典上的授記」，也就是預言為主；換句話說，沒有被預言的人，怎麼可以成就佛果呢？

大乘佛法的回答，則是以「十方佛」論據作為例證：大乘佛法把「成佛」這件事情，從稀有變成普世；原本只有極少數的人可以成佛，但後來告訴你說這是普世的。經典上舉的例子是：很多行大乘佛法的人聽了小乘的法之後覺得不對勁，覺得怎麼可能解脫就沒了？那其他東西怎麼辦？對於先天就是這種人的人，佛對他們宣說大乘法。

或許可以說，那些天生對人生較有熱情、對利益他人較有興趣的人，在小乘佛法中，極難實踐解脫的道路，因為這條道路重視內省的禪修訓練，斬斷對世間的貪愛。對於這些人，大乘佛法給予了另外一條修行道路。

大乘佛法主張，這些人應該把原本只是現在想要利他的念頭，轉為成佛的動力。原本諸如參加 NGO 等積極想要利益世界者，他們的做法是此刻的、現世的，現在就想要幫助他人；這些人就類似我們剛剛說的「天生具備大乘種姓」，但是他如果沒有智慧的啟發，它就沒有辦法走向佛果。而這個時候佛法的介入，呈現在向這些人宣說佛法智慧的重點，讓他在大乘種姓的基礎之上，有了佛法的智慧之後，他自然而然就會意識到，透過更高的知識或者成佛的掌握來利他，是更有效跟有利的。

所以這是兩個不同面向的問題：前面提到的，是大乘佛法如何面對小乘的質疑，解釋「愛」的特殊性與差異性；但現在這個面向，則是大乘行者如何面對擁有「大乘種姓隱藏版」的世間人。

面對小乘的時候，大乘所主張的特點是「我們有利他的精神」，但並沒有要邀請小乘者一定要加入；而對於這些本身帶有利他主義的人，大乘佛法提供了他們學習佛法的機會：你們現在的利他方式，只是短暫的利他，如果你想要達到終極的利他，那就必須了解佛法所說的智慧。在這樣的情況下，他的目標就會放遠、追求成佛，這才能更廣大、更有效地去利他。

所以說，這是兩個層面的問題，在面對不同的群眾時，也有不同的答案或解決方式：面對小乘，大乘談「悲」；面對一般的入世者，大乘談「智」。而慈悲與智慧，正構成了大乘的兩個核心價值。

⊙利他會怎樣？客觀價值不存在

既然利他主義對於想要在入世的同時訓練自心的人如此重要，那這與一般的「善念」有什麼差異？

佛法最重視的就是轉變我們的「認知」，這也是原始佛法之所以重視「戒定慧」的原因。那大乘佛法的這種「主義式修行」如何改變我們的認知？除了前面提到的，要認識到他人是受無明、煩惱與行為慣性的循環所驅使外，大乘進而主張，利他主義能夠轉變我們對「客觀事實」的認知。而這種認知，恰恰動搖了小乘佛法的思想核心，進入一個挺危險的地帶。

一般來說，我們會把佛法放為一組，佛法以外的思想被稱為「外道」放為一組。可是這時候出現一個很特別的狀況：大乘佛法被認為是一個獨立的思想，而大乘佛法以外、包含小乘佛法跟外道思想被視為另外一組思想。

大乘佛法此時如何動搖他們的思想呢？大乘佛法提出一種核心的價值觀，這個價值觀在古代不太存在、現在大家很可以接受，這個價值觀就是「沒有客觀意義」，只有主觀意義。

在古代的印度，特別是當時的小乘佛法認為，所有事物都有他的客觀價值，比如說火的客觀價值是「燃燒」，這跟我的主觀無關，你信也好、不信也好，它就是會燒；水就是流動，它是客觀的、是實體存在，佛法稱之為「自性存在」。

舉例來說，小乘佛法認為「愛」這件事情客觀上就是有漏、五蘊客觀上就是苦，但大乘佛法這時候提出了一個很重要的思想：沒有所謂的客觀價值，只有你主觀上怎麼去運用它；你主觀上的動機會影響你的行動、進而構成一個事物的價值，事物的價值不是來自客觀的存在。

這時，大乘佛法其實已經開始衝擊到原始佛教很重要的概念，瓦解客觀的絕對真理；比如說，原始佛法會認為「殺人一定是錯的」，但大乘佛法則主張「如果你是為了利益他人而殺人，這不是惡的」。

大乘佛法開始進入一個很重要的危險地帶：把客觀的價值帶入了主觀的判斷。而當他開始這麼做時，就會出現一個問題：客觀上的規矩、道德規範不復存在，因為你破壞了客觀上的真實，你就進入了所謂的主觀論。

這個就是大乘佛法從原始佛法很唯物的思想、開始走入很唯心的思想地帶；這也與其「主義式修行」的發展有關，了解這個發展，才能認識到，主義式的修行，如何能改變我們的認知慣性。

【問答】

問：什麼是「主義式修行」？

答：是對應「物理式修行」的修行技巧，我認為這是屬於佛法在歷史發展過程中，所出現的兩種修行技巧的差異。

所謂的「物理式修行」，專指原始佛法時代較為常見的修行方式，這種修行方式非常「務實」，談的「理論」不多，大多聚焦在「事實上」發生了什麼，例如：煩惱來自想法、想法來自感受、感受來自感官接觸，這些是非常物理、科學、現實的，沒有嵌入什麼「主觀」的態度。比如說，原始佛法所說的五蘊、十二處、十八界，這些都是物理的真實存在；這樣的狀況不論佛陀出世也好、不出世也好，它都是客觀的現實。而物理式修行，其實就是以此物理現實作為修行的核心，而不談價值觀、思惟、意識形態這些「抽象而主觀」的東西。

然而，小乘佛法的發展過程，有將原始佛法的物理式修行變成「主觀價值」的特性：不再只是遵循著非主觀的客觀現實，而是抱持著某種主觀、並認為這種主觀是客觀的。這有點像畢達哥拉斯主義。我們都知道畢達哥拉斯發現了畢氏定理，這是一個「物理現實」；但是他們以此作為他們的信仰，比如其禱文中就提到1是純潔的，4是聖潔的，而10是萬物之母。

主義式修行則是對應於物理式修行的另一種方式，屬於大乘的範疇。這個範疇的特色，是相對於客觀的物理過程，其所在意的反而是主觀的意識形態：利他、積極等等，這些是屬於一種「意識形態」，而不是「物理現實」。由於人類的社會基本上就是以「意識形態」與「想像」構成的，所以相對於物理式修行，它對於一般人來說的可操縱性更高。

問：何謂有漏、無漏？大乘不在意有漏嗎？

答：根據經論的說法，有漏指的是「無明－煩惱－行動－痛苦」的這整個循環，反之就是無漏。原始佛法中，不太談無漏是什麼，因為其核心就是終結這個循環而已。然而到了大乘佛法中，大乘提出了更遠大的目標：除了終結有漏的循環，我們還可以追求更高層次的生命模式。

2 我們有沒有獨立存在的「心」？

我是個胎裡素長大的小孩，換句話說，從我媽媽懷孕到今天，我從來沒有吃過肉。這在一般的佛教圈中，算是一個「根正苗紅」的特徵，但這個根正苗紅的特徵，卻很諷刺的在我認真要投入佛學研究時遇到挑戰。

想像一下，我在一個鼓吹吃素很好、吃得越乾淨越好的氛圍中長大，但是當我決定要去印度讀書、真正開始研究佛學時，發現當地的學院雖然也吃素，但在他們的認知中，蔥、蒜也是屬於素食的，這與台灣吃素的現實不一樣：一般的漢傳佛法認為，蔥、蒜屬於五辛，不算是素食。

為了這件看起來不是太大的事情，當時的我掙扎不已，還為了這件事情寫信去給我後來的上師。上師的回答倒是拯救了我：「難道你要為了吃飯問題，而放棄學習嗎？」

所有必須與社會相處的學人，一定會面臨到類似我這種狀況的問題：自己堅守的某種價值，當它與社會生活起衝突的時候，該怎麼辦？價值的抉擇一向是不容易的事情，但如果當其中一種價值被冠上「宗教」的名義的時候，更容易覺得無力跟無奈。

舉個最簡單的例子：如果我的家人受重病所困擾，痛苦不堪，而外在的條件又容許我為他安樂死，請問我該不該這麼做？

除了基本的人倫掙扎外，如果再加上基本的宗教道德觀，或在這裡可以以原始佛法價值觀為例，那麼任何的「殺人」都是不能被接受的；可是對於心懷「利他主義」的學人來說，部分充滿勇氣的學人或許能不顧後果的承擔責任。但更多人的問題或許會是：難道就因為害怕自己的道德有缺損，我就不能做出真正對他有利的事情嗎？

可見，透過利他主義——主義式修行的人，必須去認識、建立一套價值觀。現在我們有兩個選擇：沿用小乘佛法的「客觀價值」思惟，或是再找出另外一條道路。

在第一章的末尾討論到，大乘佛法提出了所謂「客觀價值不存在」的論述。這件事為何如此重要到動搖到原始佛法的思想，並劃下大乘佛法與原始佛法、小乘佛法之間的鴻溝呢？

我們先緩一緩，回過去看兩系佛法的差異。大乘佛法所提出的利他理論，也就是重視利他、勝於追求個人解脫；而提倡個人解脫的原始佛法、乃至強調個人解脫的小乘佛法，則都有一個重要的目的：希望能夠終結有漏的五蘊。

在這樣的基礎上，原始佛法不認為有個獨立的「心」存在，因此也沒有一個常存不變的靈魂。這麼認為的一個重要原因是：當我們所擁有的一切都是有漏因果時，假若有一個永恆存在的「心」（或靈魂），那這個靈魂也就是一個永無止境的有漏，代表我們將永無止盡地痛苦下去？因為這個靈魂必然也是有漏的。

簡單來說，對於希望終結有漏、也就是不要再轉世的小乘佛法學人來說，如果有一個獨立的心、獨立的靈魂存在，這可是個壞消息！代表這個靈魂沒有辦法被消滅，自然也就不可能「終結有漏」了。

但是，大乘佛法卻提出了相反的看法。基於對「利他」的重視，他們認為解脫之後，如果完全沒有任何東西（也就是心）留存下來，那佛在解脫之後就沒有積極利益他人的能力了；因此，「心是不是獨立存在」、「心是不是有漏的」這件事，就成為兩派辯論的關鍵重點。而對於「心」的認知，導致兩系對於「主觀」和「客觀」的觀點差異。

心是否獨立存在，對於實踐利他主義者非常重要。因為在原始佛法的思想中，心不但完全是依附於感官的副產品，感官本身更是有漏與不完美的。這就像所謂的「毒樹果理論」一樣：毒樹長出的果實，必然是毒果實；同樣的，有漏的感官長出來的，必然是有漏的心。那這樣的話，所謂的「主義式修行」就會淪為空話！因為再怎麼做，不過是在「毒果」上面下手，努力去解除其毒性（轉化自心），但沒有真正從毒樹上解決；而如果要從毒樹上解決，那又回到原始佛法所強調的戒定慧修行上。但現況就是，不是每個人都有足夠的時間投入那樣的修行呀！

因此，大乘佛法在這裡所採用的一種思惟，是去證明「毒果」（有漏之心）的毒性並不一定是來自毒樹。更具體來說：這個「果」不一定是毒樹的果，也有可能是其他事物的果，而我們可以從其他地方（主義式修行）下手，來扭轉它的毒性。這樣才能擺脫原始佛法、甚至是小乘佛法的框架，否則的話，主義式修行就會是一個重末輕本、治標不治本的修行。唯有正名了這個「末」、這個「標」的「本」，跟原始佛法、小乘佛法所認為的「本」不一樣，主義式修行才會合理。

⊙ 浪漫唯心的大乘佛法：沒有客觀價值的存在

原始佛法和大乘對於「心」的看法差異，可以說是他們對於「主觀」與「客觀」的態度上的差異。具體來說，原始佛法看待事情的觀點，是相當理性、機械性的；而大乘佛法則是傾向我們所說的浪漫主義。以下先用這兩系看待「戒律」的觀點作為例子，來說明他們的差異。

不論是哪一派的佛法，都承認「在家人要持守五戒」這個共通價值；但是，在這個五戒之外，每一派佛法重視其他戒律的程度，又有所不同。我們可以理解成像疊疊樂一樣，原始佛法的戒律「五戒」，是所有佛法派系的共通基本戒律，而不同的派系，則會疊上不同的戒律。

比如說，一個大乘佛教徒除了五戒之外，還要持守大乘佛法的戒律「菩薩戒」（第二層）；而若是信奉流傳於日本、西藏地區的密法的話，便要再加上密教的戒律（第三層）。先撇開密法的部分不談，原始佛法和大乘佛法在面臨各自的戒律被「破戒」的狀況時，兩派有相當不同的看法。

原始佛法將破戒視為不可逆、無可挽回的毀損。一旦破了戒，你就Game over了，這輩子再也沒有解脫的可能，只能祈願來世還有嘗試的機會。而大乘佛法在看待原始佛法的破戒時，常常使用一種譬喻：原始佛法的戒律就好像陶瓷做的罐子，摔碎就沒救了，就算勉強黏補回來，也會留下裂痕；然而，大乘佛法的菩薩戒則像金屬做的飾品，摔在地上時，雖然會凹陷或破損，但還是能透過加熱或敲打，將它還原成原來的樣子。

換句話說，相比起原始佛法的戒律，大乘佛法菩薩戒的特色就如同這個金屬飾品，不管破壞得再嚴重，都還是可以修補；因為他們以比較抽象、主觀的方式看待菩薩戒，認為持戒是一種心理上的自我約束，而非機械、客觀的規範。抽象的事物能夠修復，但碎裂的陶瓷罐則是一種物理性的損壞，一旦破了，就沒有復原的可能。換句話說，小乘佛法的思想是較為「物理性」的，大乘則有偏向「抽象性」的特性。而當我們談到抽象，就自然開始偏向主觀而不是客觀。

大乘佛法這種強調主觀態度的觀點，呈現在一系列相當重要的經典中，也就是《般若經》，而其中最為知名的是《心經》。《般若經》闡述的核心思想是「空性理論」，我們會在之後的章節中詳談。但是，這裡我們可以先做個重點整理：空性理論所強調的核心思想，就是「沒有客觀價值的存在」。

對於二十一世紀的我們來說，這是大部分人都很熟悉、普遍能夠接受的觀點；但是，對於古代的印度人來說，這是一個相當衝擊當時社會的思想。如果我們往西方的思想發展史看，就可以發現一些同樣具有顛覆性的例子。

達達主義最具代表性的藝術作品《噴泉》——就是那個眾所皆知的白色小便斗——在一九一七年由美籍法裔藝術家馬歇爾．杜象（Henri-Robert-Marcel Duchamp）創作出來時，藝術圈一片譁然，大家紛紛爭論：一個現成的小便斗究竟是不是藝術？

在此之前，西方思想圈大抵上都認為，美具有一個客觀標準。創作出大衛像的米開朗基羅曾表示，「他不過是將雕像從大理石塊中解放出來」，這番話同樣暗示了，有一個普世的、客觀的價值標準，存在於外在、物質的世界。但是，《噴泉》與達達主義卻推翻了這個客觀價值，為後世代帶來了相當重要的影響與思辨：「美」這種東西，到底有沒有既定的客觀標準與價值？是不是我覺得那東西美，就是美？

大乘佛法提出《般若經》的空性理論時，在古代的印度思想圈也引起軒然大波。當時的主流價值觀認為，一切事物都有其客觀價值，火有客觀價值（燃燒）、水也有客觀價值（流動），甚至好與壞、善與惡、美與醜也是。當一樣事物具備了客觀上的美，不論你是否真的覺得它美，它便是美；客觀上是惡，就絕對是惡。在這樣的體制下，要調整的不是外在的事物，而是要讓我們的想法去貼近那「客觀價值」。

世間的一切都有一個僵硬、機械性的標準，存在於外在的事物之中，《辯經·辨人生》中就提到不少心理狀態的定義；而這些定義依據原始佛法、小乘佛法來說，都是客觀價值、都是客體上存在的，諸如：「三事和合生觸」、「愛者不捨」、「意思食希望為相」等定義都是如此，都是客觀的存在。

但是，《般若經》卻說，所謂的客觀價值根本不存在，一切不過都是主觀的定義，這種主觀判斷就來自於我們抽象的內心：你可能今天覺得這東西很美，它就是美，但明天你就不這麼覺得了，那它就是不美。

萬物的價值不再有客觀基準，一切都憑主觀而定，當時有許多人都無法接受這種說法。有經典形容，假若聽了《般若經》的理論，還能夠接受的人，叫做「善忍」。什麼意思呢？就是聽了之後，還可以忍受而不崩潰，就是善於忍耐的人。當時甚至有記載，有些比丘聽到這種言論後，居然嚇到心臟病發，《大智度論》就很調侃地說：「般若之威德，能動二種人：無智者恐怖，有智者歡喜。」

這種提倡純然主觀的思想，導致了大乘佛法在看待「心」的態度時，產生了根本上的不同：當客觀價值不存在，只剩下主觀價值的時候，發出這個主觀判斷的，其實就是我們的「心」。

⊙機械唯物的原始佛法：我們的經驗（心）是如何構成的？

我們在前面提到，原始佛法看待事物的時候，使用的是客觀、有既定標準的態度，也就是比較機械化的思惟；因此，他們在談論「心」的時候，也是從比較硬邦邦、唯物的角度來談。

在原始佛法中，物（例如手機這類物品）稱為「境」，意即某個東西所經驗到的事物。

那經驗到這個事物的是什麼呢？就是心。換句話說，心便有一個「境」，也就是「有境」。

在佛法中，物（境、所、外）與心（有境、能、內）這種分類一直都存在。但是，原始佛法看待這個分類的方式，與大乘佛法完全不同：原始佛法並不會壁壘分明地將物與心分成兩個獨立的存在，而是同等地看待兩者。這裡可以從兩個面向來看：第一，兩者都是機械化的存在；第二，兩者都是無常的、僅存在於此生。

從第一個重點來看，究竟原始佛法是怎麼看待我們如何經驗一件事情呢？

我曾在《辯經．辨人生》中用比較簡單的方式談到：我們所有的經驗、情緒和反應，都是建立在神經的傳導上；我們所認知到的一切，都是由感官傳遞的訊息；更詳細來說，這整個產生感官訊息、讓我們做出反應、構成我們經驗的過程，佛法稱之為「五蘊」。

從生物感知到一個東西，到產生一個經驗的過程之中，會經過五個重要的步驟——「色、受、想、行、識」。

1、首先，一定要有外在的物質與內在的感官，也就是「色」。

2、接著，這個物質與你的感官接觸到了（例如以眼睛看到），產生「受」。

物	=	境	所	外
心	=	有境	能	內

3、接觸到之後，你的大腦便會給這樣東西下一個標籤（例如看到桌上的手機，指認出那是一支蘋果手機），便是「想」。

4、下標籤之後，腦中便會產生一系列想法（例如覺得這支蘋果手機的設計很棒、很想買等等），便是「行」。

5、以上這整個過程，便稱之為經驗，也就是「識」。

在這一系列的步驟中，我們的情緒和反應是屬於比較末端的那幾個步驟，也就是內心的部分；前端則是引發我們反應的外在物體和內在感官之間的交互作用。

這幾個步驟是環環相扣、不可分割的。怎麼說呢？就拿「想」跟「行」來打個比方，假若一個男生看到一個女生，當他沒有替那個女生下標籤、下定義（她是不是我的菜？），就不會產生下一步的一系列想法（我要不要跟她要電話？）。當不去做「想」這個行為，後面的「行」便無法觸發。就好像《鋼鐵人》電影中，男主角的面罩裡有判斷敵人的機能，立刻就可以鎖定敵方的武器，並判斷那個武器是什麼，進而產生應對的方法、付諸行動。生物本能的戰逃反應也是如此運作，你必須判定這是危險的，才會選擇反擊或逃走，而這一切的反應都是來自於「想」。

這個經驗事物的方式，是原始佛法非常重要的論點。這個論點彰顯出三個特色：

一、經驗是一系列機械性的化學反應

從物（色）開始，到心（受、想、形、識），都是存在於同一個平面上，也就是處於同一條線上的一系列反應。可見，從原始佛法的態度來看，物與心之間的觸發反應是相當機械化的。

佛陀當初提出這個論點的原因，是想告訴我們：我們的心之所以會產生各式各樣的問題、有各式各樣的痛苦，是因為我們的「色、受、想、行」的過程出了問題，後面的「識」也才會出現問題。就好像一個程式的運作過程中，先出現了 bug，後面就會產生錯誤的結果；如此一來，我們在修行的過程中，就是要把前面「色、受、想、行」中的 bug 找出來、排除掉，後面的「識」就會正確了。

這其實是一個非常物理化、機械化，一點也不抽象或主觀的過程。其中，「識」的角色獨立上來說根本沒什麼作用，因為它是一個完全不自主的反應：一旦「色」被觸發，你的內在感官感受到外在的物了，「識」就必定會被觸發；反之，當「色」沒有被啟動、觸發時，「識」也不會存在。

在原始佛法的架構下，「識」是「色」的副產品。這種論點與現代醫學許多研究結果極為類似：我們的經驗來自大腦內部許多神經的交互作用，一旦神經受到壓迫，或是組織液有些異常，人就可能產生「幻覺」；而要治療這個問題，不是去解決「幻覺」，而是去找到導致幻覺的神經，調整它、就能改變或是消除幻覺。在這個前提下，「經驗」不過是「神經活動」的一種結果而已。

根據這樣的理論，所謂的「心」便是物質的副產品。就好像我們在拍手，假如左手跟右手沒有碰在一起時，就不可能會發出掌聲這個副產品；在這個例子中，左手就是外在的物，右手便是內在的感官，而掌聲就是我們的經驗，也就是心，或是識。

二、物與心並非對立，是前後因果關係

從上述的機械化反應中，我們可以發現，原始佛法並不將「物」跟「心」明確地對立開來，反而認為心是物的結果、產品。所謂的「把物與心明確地對立開來」，指的是：在某些情況下，有可能物存在，但心不存在，或是心存在但物不存在。當我們讓兩樣事

物獨立存在時，就大致有這樣的概念。好比說A政黨跟B政黨是獨立存在的，代表有可能A政黨在競選總統時敗選，而B政黨當上了總統，反之亦然。

但是，在原始佛法的理論中，這是不可能發生的情況。只要沒有物，就不可能產生心；如果我們沒有將左手和右手碰在一起擊掌，就不可能產生掌聲。所以在其世界觀中，物和心不是對立之物，而是有前後關係的因果，是唇亡齒寒的關係。

三、不被物所觸發的心，不可能存在

建立在上述兩點的基礎之上，便得出一個結論：不可能有一個不被物所觸發的心。一般相信有所謂靈魂存在的人，認為靈魂像是某種我們自我的核心，也就是類似於「心」的東西，在肉體消亡之後，這個心還會留存下來；但對原始佛法、乃至小乘佛法來說，這也是不可能的。

屬於原始佛法的《中阿含．嗏帝經》就記載了，某位比丘認為，我們每個人都有一個靈魂一直在輪迴：「我知世尊如是說法：『今此識往生，不更異。』」其他僧侶們一再告訴他，這並不符合佛陀所說，可是他無法接受，最後只好交請佛陀仲裁。

而世尊的態度是：「世尊呵曰：『嗏帝！汝云何知我如是說法？汝從何口聞我如是說法？汝愚癡人！我不一向說，汝一向說耶？汝愚癡人！聞諸比丘共訶汝時，應如法答。我今當問諸比丘也。』」並詳細地談到其態度：「世尊歎曰……我亦如是說：『識因緣故起』，我說：「識因緣故起，識有緣則生，無緣則滅，識隨所緣生……」此經更詳細地提到，識的產生都是來自感官（眼、耳、鼻、舌、身、意）與境界（色、身、香、味、觸、法）的接觸作用而來。

可見，原始佛法認為，一切的心、識（經驗），必然是透過物的作用而產生。例如說，眼睛這個感官接觸事物，便觸發了「看」的這個心；耳朵接觸到聲音，便觸發了「聽」的這個心；同理，鼻子則觸發了「聞」的心。而所謂的「心」，在原始佛法的說法中，更傾向於用「識」這個字。

這一系列反應，就是肉體的感官觸發了心的某個作用。但是，一旦我們死了、肉體消亡之後，又還有什麼會觸發心的存在呢？所以原始佛法認為，不可能有一個獨立於肉體之外、不受物所觸發而能獨立存在的心可言，就如同不可能有獨立於雙掌之外的掌聲。

⊙為何原始佛法會如此定義經驗的構成？

講了這麼多理論，我們可以先暫時喘口氣，來談談為什麼原始佛法會提出這種觀點。就如同在西方思想的演進史中，每個時代都會有相對立或相呼應的思想先後出現，而原始佛法在當時提出這種論點的原因，也是因為受到同一時代的其他思想所影響。

佛法的論述誕生時，並不是以一個獨立的姿態出現。佛法有一群朋友，這群朋友統稱為「沙門主義」。沙門主義是一個思潮，而非由單一個人所提出的理論；而沙門主義之所以會出現，則是因為要對抗傳統的「婆羅門主義」，也就是當時的掌權者為了要有效統治印度，所提出的一個宗教思想。

印度是一塊倒三角狀的土地，我們現在討論的印度哲學，一般指的都是北印度的思想；而南印度則被視為獨立的思想區域，因為這裡跟北方使用的文字跟語言截然不同，所以並沒有被列在所謂的印度思想裡面。但是，南印度的思想時不時會滲透到北方去，所以在印度思想的發展史上，北方時不時都會受到南方的影響。

北印度地區早期受雅利安人統治，雅利安人最初從中亞地區騎著馬衝了進來，而另外一批雅利安人則騎馬去了歐洲，成為現在許多白種人的祖先；當雅利安人進入這個地區，開始展開統治時，其種族屬於少數人，好比滿清時的滿人一樣。為了符合統治階級的需求，那時的他們便提出了一個以利統治的重要思想，此即婆羅門主義。

婆羅門主義的影響

婆羅門主義最重要的核心內容之一就是「種姓制度」：將人與人之間劃分出階級，並指出人在本質上（注意，客觀上）就是有階級上的差異，而且這個階級還是不可抹滅的。在提出了種姓制度之後，他們便需要一個根據，來詮釋種姓制度的正當性，因此便漸漸構成了婆羅門主義的聖典——《吠陀》。

《吠陀》詮釋了種姓制度為什麼有效，也包含了那個時代的哲學、法律觀、世界成就觀和醫藥觀等論述，其對印度文化的價值就像《漢摩拉比法典》之於古巴比倫一般。而婆羅門主義中，最高貴的人，就是每天專注研究《吠陀》這四部聖典的知識份子，由他們負責控制這個國家。

這個制度持續了約九百到五百年，但是期間卻出現了越來越多反對的聲浪。原因有三：

1、婆羅門的上層階級越來越腐敗。

2、土地兼併變得很嚴重。

吠陀思想中有一個很重要的理論：下等種姓的人必須懺悔，才能在來生到一個更好的階級。而懺悔的方式就是奉獻，最好的奉獻方式就是奉獻土地，只要把土地奉獻給上層種姓階級，就可以達到懺悔的效用。

3、新型政治權力的崛起。

當時的印度社會中，出現了許多來自婆羅門主義地區外的人，他們在出生時就沒有受到階級制度這個觀念的影響。那是一個思想衝擊的時代，在北印度之外，出現了許多所謂的王、酋長或部落領袖，他們日漸強大，因而開始影響到北印度；也有一些人是發跡自種姓階級制度內部的低下階層，但因為靠武力與爭戰，而越來越茁壯。到了這個時候，以婆羅門主義為主流的印度社會，就開始受到大量衝擊，產生許多問題。

沙門主義的影響

最典型、最重要的衝擊，就是沙門主義的崛起；而用最簡單的方式來說，沙門主義對抗婆羅門主義的方式有兩種：

1、以乞食為主的生活型態

「沙門」這個詞的意思，其實就是「乞食」，而這是沙門主義在生活型態上對婆羅門主義發出的挑戰。

當時，婆羅門貴族是由社會來奉養，沙門主義非常反對這樣的行為，便提出了以「乞食」維生的生活型態。當然，這也是因為在當時的古印度農業有良好的發展，擁有豐沛的糧食生產力；而因為當地的氣候條件因素，食物是不能久放的，於是有許多人便願意將過剩的食物布施出去，也因此養活了提倡沙門主義、離家進入森林修行的這批人，提供他們基本的生存條件。

2、由無神論者組成的多元派系

除了在行為上遵循乞食的態度，以及反對婆羅門主義這兩個共通價值觀，沙門主義其實擁有差異甚大的不同派系。根據婆羅門的說法，《吠陀》是天啟，也就是由老天、由神宣說的，所以反對婆羅門主義、種姓制度和《吠陀》，也就等於是從根本上反對「天啟」的這個「天」。

因此，沙門主義這群人的最大特色便是：他們都是無神論者。當然，他們並非某天醒來就自然成為無神論者，而是為了反對婆羅門主義的神，將自己定義為無神論者，不提出任何替代的神。

佛法便是沙門主義上百支派系裡的其中一支。但是，儘管各派系都共有這兩個價值觀、擁有共同的敵人，彼此之間卻有著相異的價值觀。

沙門主義反對了吠陀天啟、反對了種姓制度，各派系便紛紛提出自己的世界觀。除了佛法之外，其中最有名的兩種思想，便是享樂主義者——阿耆多．翅舍欽婆羅，與禁慾主義者——耆那教。這兩個思想系統在沙門主義中最具有代表性，也是理論上的死對頭。

⊙享樂主義是「斷見」，禁慾主義是「常見」

享樂主義（虛無主義）

顧名思義，享樂主義其實就是一種虛無主義的表現，它除了徹底地反對吠陀天啟，還進一步反對世界上任何存在的價值觀；一旦反對、不承認宇宙中有規律和規範的存在，那道德觀也就不存在了。

這些人認為，人生中沒有客觀意義可言，唯有滿足主觀；而除去所有外在的價值觀之後，人生便只剩下滿足主觀的享樂一途。這種理論在佛法來看，被稱為「斷見」。《大毘婆沙論》在描述他們的思想時就說：「說有後世，名有論者，彼皆謗之為空妄語。云：『乃至活有，愚、智者死已，一切斷壞無有。』……此中雖有餘邪見等，而但顯示斷壞無有故，斷見攝。」

耆那教（禁慾主義）

而處於「斷見」享樂主義的極端對立面的，便是被佛法稱為「常見」的耆那教。耆那教有兩個核心的特色：

1、耆那教的宿命論

耆那教認為，我們這一輩子的禍福，都是在過去已經設定好、寫好的，這就是宿命論。

這裡必須要強調一件事：許多人想像中的佛法，其實比較像耆那教。為什麼呢？許多人會把佛法說的「因果關係」誤認為宿命論，但佛法並非宿命論者。在許多經典上，佛法都對宿命論有所批判。

《大毘婆沙論》中提到：「諸有此見『一切士夫補特伽羅諸有所受無不皆以宿作為因。』……此非因計因，戒禁取。」

這段話的意思是：「有些人認為，我們這輩子的一切都是受過去世的行為所控制，這是誤會因果，屬於過度嚴苛的教條主義。」

接下來又細說：「……問：『此正法中亦說所受苦樂，過去業為因，而非惡見；彼外道亦作是說，何故名惡見耶？』」

這段話的意思是：「佛法也說，我們感受到一切，都受自己『過去行為』的影響，對方也這麼說；那為什麼他的是錯誤的，我們的是正確的？」

答案是：「答：『此正法中說現所受有以過去業為因，有是現在士用果者；彼說一切皆以過去所作業為因，不說現在有士用果，故名惡見。』」

也就是說：「雖然雙方都肯定過去『業』的影響，但佛法認為，這輩子的一切也會受現在的行為（現在『士用果』）所影響，而對方不認為。所以那樣的（宿命論）是錯誤的。」

舉個例子：佛法所認知的因果關係就像打牌一樣，我們在玩撲克牌遊戲「大老二」時，會在發牌時拿到一組牌，這組牌可能好、可能壞，但最後你會不會贏，其實跟一開始手上拿到的牌，並沒有絕對關係，更多時候，反而是取決於自己的技術。

拿到佛法的因果論中來看，便可以這麼說：你一開始拿到的牌是好是壞，是受你過去業因果報的影響；但最終能不能贏，還是要看你自己的努力。更具體來說，我們所有先天的東西都是由因果決定，但後天（這輩子）的東西，是自己可以控制的。

2、耆那教的靈魂觀

耆那教還有一個核心理論，就是我們在前面稍微提到的靈魂觀。耆那教和某些思想派系相信，人有一個獨立存在的靈魂，而這個肉體跟靈魂是綁在一起的。因為我們沒有辨認出這個靈魂，而肉體又遭受欲望的控制，造了許多業，業又進一步在肉體上報應出來，把我們的靈魂綑綁住。因此，耆那教修行的核心目的，就是要讓這個靈魂從肉體的束縛中解脫出來。

是不是聽起來很熟悉呢？這就類似我們普遍對所謂靈魂的認識，而佛法將這派論點稱之為「常見」。《雜阿含經》就記載了他們的修行觀：「無畏離車是尼犍弟子……時，無畏離車語尊者阿難：『我師尼揵子滅熾然法，清淨超出；為諸弟子說如是道：『宿命之業，行苦行故，悉能吐之。身業不作，斷截橋梁，於未來世無復諸漏，諸業永盡；業永盡故，眾苦永盡；苦永盡故，究竟苦邊。』」

⊙介於宿命論與靈魂觀之間的原始佛法因果觀

其中，原始佛法認為，自己的論點處於斷跟常之間、不向兩方靠攏，而是發展出自己的論述，這種論述被稱為「中道」。而這劃分出原始佛法跟常、斷不同之處的界線，就是「因果觀」。

中道的因果觀

這種因果觀，並非「做壞事就會遭天譴」的那種因果，而是像我們在前面談到的機械式物理效應；佛法在批判享樂主義與耆那教時，便是基於這個論點。

1、對享樂主義的批判

原始佛法認為，享樂主義忽略了世界上有因果關係的存在，也就是前面所說的「客觀的機械式效應」；享樂主義者並沒有了解我們要如何操作這種機械式效應，也就無法透過這樣的機械模式來找到真正的快樂，所以就算他們想要享樂，也不會真的得到快樂。

2、對耆那教的批判

原始佛法對耆那教的主要批判，則主要建立在靈魂觀上：如果人們承認有一個獨立靈魂的存在，那為了要保護這個靈魂，便可能會去行善避惡。這種動機，是出自於對宿命論的恐懼，所以相對來說，這些人會比較願意當個好人——至少表面上看起來是如此。

但是，耆那教忽略了一件事，就是：這所謂的靈魂，其實也不過是機械式化學效應所產生的結果，就像我們前面說的那個「心」一樣，是來自於外在物質與肉體相互作用才產生的。

心是一系列物理效應

因此，佛法與斷見和常見所拉出的界線，便是這種「心不獨立於外，而是一系列物理效應所促成」的思想。基於這個根本論點，原始佛法更具體地提出：由於感官是有漏、不完整的，所以產生出來的心，必然也不是完整的東西。而為什麼感官是有漏的呢？因為它們源自於過去的業力，而業力必定是不完美的，所以其構成的肉體也不會是完美的。

更擴大來說，原始佛法認為：所有的因緣都不是好的，都是有漏、不完整的。如果是完整的、無漏的話，那就什麼都不會發生：人不會轉世，我們也不會有肉體，生命也不會再次輪迴。換句話說，「心」之所以被觸發，實為意外。更根本上來說：五蘊的整個觸發過程，本質上是不完美的、不符合事實的。

因此，我們可以論證出原始佛法的兩個核心價值觀：

1、心的存在，來自於因緣的作用，是透過機械性、物理性的反應所發生。

2、這個機械性的一系列反應之所以會發生，都純屬意外，是有漏的、不完美的，而導致心必然也是有漏的。

⊙大乘、小乘分裂之始

當我們知道原始佛法為何會提出這樣的思想後，便可以回頭來看，大乘佛法是如何與原始佛法和小乘佛法走上不同道路的。

大乘佛法與原始佛法的截然不同之處在於：大乘佛法是一種比較重視心的思想。當然，大乘佛法內部也有許多不同的派系主義，但如果把大乘與小乘放在一起對比，就可以明顯察覺到，大乘整體比較唯心，而小乘比較唯物。

大乘佛法之所以比較偏向唯心主義，除了大乘行者本身比較浪漫之外，對心的態度也比較抽象，其中還有許多其他原因。但在大乘佛法發展的過程中，出現了一個很重要的觀點：他們開始把心跟物之間的關係，從一條線的兩端脫鉤，讓心跟物成為兩個對立存在之物。

如同前面所說，原始佛法在闡述物跟心的時候，都會把它視為一種有前後順序關係的一系列反應，用「五蘊」這個理論來解釋，而較不會把兩者分開各自表述。可是，大乘佛法在看待物與心的時候，都是以兩兩一組的方式呈現，也就是「心與物」、「境與有境」、「內與外」、「能與所」這種以二元為組合的表現形式。

大乘佛法提出了這樣的核心理論，並做出兩個重要的行動：一，讓心脫離原始佛法認為的機械式架構；二，開始重視所謂的「心的主動性」，而非原始佛法認為的全然被動。

肯定心的主動性，其實就是在肯定人的內心有更多的可能性、更多的功德。打個比方來說：我們一般會有的同理、關心、擔心等等心理狀態，如果在小乘佛法的體制來看，雖然「暫時上」是良善的、是好的，但本質上它都是源自：一、無明，二、有漏感官所催生。所以根本上就是有漏的，是無法真正達成解脫的。

就好像前面說的「毒樹果理論」一般，就算果實再漂亮、再甜美，它仍然是源自一個有毒的樹根，那結果必然怎樣都是不完美的。比如《俱舍論》就說：「有漏法云何？謂除道諦餘有為法。」除了禪修所發起的智慧——道諦之外，一切的因果都是有漏的、不完美的。

那要怎麼刨出樹根呢？只有透過禪修才能達成。換句話說，只有「禪定」這個「無毒之樹」所產生的同理、關心、擔心等心理狀態，才是「無毒之果」，除此之外，別無他法。但這就限制了那些無法將大量時間投入禪定者的修行可能：難道我沒有大量的時間禪修，我就沒法得到解脫了嗎？

大乘佛法的答案是否定的。好比前面引用過的經典中，小乘阿羅漢對於彌勒菩薩「不修禪定」但仍能成佛感到困惑；而這正可以說是大乘的一種特色修行，亦即透過主義式修行調伏自心，進而得到解脫。換句話說，肯定心的主動性，就是在肯定「有禪定以外，另外一條改變自心的道路」，也就是我們所說的「主義式修行」。

那麼，大乘佛法是如何讓這個「心」脫離原始佛法的物理式化學反應的？

⊙「心是不是絕對出自於物」的辯論

我們在前面提過原始佛法認為靈魂不可能存在的原因，因此他們主張：人在兩段生命之間，也就是前一個肉體消亡、後一個肉體出現之前，是不會有靈魂單獨成立的情形的。但是，大乘佛法為了要抓住「靈魂存在」的可能性，便從經典上去尋找線索，也的確找到了一些蛛絲馬跡。

在原始佛法同樣承認的經典中，佛陀曾經解釋過，人是怎麼出生的。人的出生過程中，有三個重要的元素，前兩個是精子與卵子，第三個則是叫做「識神」的東西。佛法的專有名詞「識神來趣」，指的就是精子和卵子結合的同時，這個「識神」鑽了進去，才形成了一個生命。

後原始佛法重視的《增壹阿含經》說：「有三因緣，識來受胎，云何為三？於是，比丘！母有欲意，父母共集一處，與共止宿，然復，外識未應來趣，便不成胎。」大乘佛法所宗的《大寶積經．入胎藏會》也說：「佛告難陀：『雖有母胎，有入不入。云何受生入母胎中？若父母染心共為婬愛，其母腹淨月期時至，中蘊現前，當知爾時名入母胎。』」

這段原始佛法經典以及後來延伸出的大乘佛法經典中的描述，讓大乘佛法用來證明，的確是有一個獨立於肉體感官之外的心，也就是在肉體死亡後仍然存在的心留存，而不一定是來自於五蘊這種物理性觸發的化學反應。（當然，原始佛法也提出反駁，認為這個「識神」不單只是「識」，而是有其完整的五蘊存在；它同樣也是因「物」的觸發而產生，並非獨立存在。）

在「心是不是絕對出自於物」這個議題上，大乘佛法就抓著「識神」這個出現在經典上的東西，拿來當作大乘理論的證據，與原始佛法產開激烈的辯論。

總之，相對原始佛法來說，大乘佛法更重視的是主觀判斷和唯心主義。而這兩派在這一點上的差異，就造成兩方在修行的思想上，採取了南轅北轍的態度。

拿到我們的日常生活的「戒律」來舉例：原始佛法認為有所謂的「客觀道德價值」

存在，比方說殺人行為再怎麼樣都是不對的；但是，大乘佛法卻認為不那麼絕對，殺人行為的正確與否，是取決於內在的那個心念，而不是外在的行為。

再舉個從信仰角度出發的例子：原始佛法認為，不論你的心怎麼想，某些行為從外在來看就是正確的，就像有人出錢蓋一間佛寺，這行為看似是好的。但是對大乘佛法來說，還是要看此人內心是什麼態度；相對地，原始佛法、特別是其後開展出來的小乘佛法，就認為單純蓋佛寺的行為，就必然是對的。

我在本章開頭提到，兩派對戒律的態度之所以會不一樣，也是出自同樣的道理：原始佛法認為戒律是一種外在的防護，破了就沒戲唱了；但是大乘佛法則認為，內心的心態才是最重要的。

而在禪修的技巧上，我們也可以看到同樣相異的態度：原始佛法會把更多禪修的技巧放在訓練肉體對於感受的認知；但大乘佛法一開始就是直接往內心觀察，因為他們認為，一切都是以心為主。比如後期的大乘經典《金剛三昧經》就很露骨的說：「佛言一念心動，五蔭俱生……」明顯從主張「心源於物」反過來變成心才是主角了！

就是在這個「心與物」、「主觀與客觀」的差異上，衍伸出了大乘佛法與小乘佛法的分裂，使兩派從此踏上不同的道路。

⊙「轉世理論」的辯論

如前所說，因為認為所有緣起的事物、所有因物理性變化而產生的事物，都是有漏、不圓滿的，都是會導致痛苦的東西，所以原始佛法的核心目的便是在追求「終結轉世」，專有名詞為「不受後有」，這個「有」便是轉世的意思。

而重視利他的大乘，則在這裡提出了不同的立場。原始佛法追求不要轉世，是基於他們的核心態度，認為因緣所創造的必然是痛苦；換句話說，只要有因緣運作，那就全部都是有漏。但是，大乘佛法在這裡提出反對意見：他們不認為所有因緣生的東西都是痛苦的。

大乘佛法與原始佛法的這個差異，便造成了兩方在詮釋「轉世」的過程與目的時，產生了極大的不同。

一、原始佛法的物理化轉世論

原始佛法認為，促成我們轉世的每一個誘因，客觀上來說都是有漏的，所以產生的東西也是有漏。

在原始佛法中，促成轉世有三個最重要的動力，分別是：

1、我愛

這是轉世中最重要的動力。我們之所以會轉世，是因為擁有「對於自我的執著」，或者說對於自我的保護意識，這就是「我愛」。

我有一個學生，他曾在課堂中分享，某天他去醫院開刀的時候，可能是因為麻醉量的關係，導致他在開刀過程後，清醒過來了但仍無法控制自己的身體。他告訴我，那時候自己內心只有一個想法，就是「好想趕快回到正常的狀態」。

這就是我愛。而正是因為我們在死前所會出現的這種想法，就會直接讓我們進入轉世的輪迴之中。

2、情緒

轉世之後，要轉世去哪裡呢？這時候便取決於那個「我愛」是伴隨什麼情緒。如果情緒是比較正面的，就會轉世到比較好的地方，也就是善道；反之則是惡道。但是，對原始佛法來說，你轉世得好不好，根本不重要，因為重點還是在於轉或不轉，所以他們重視的，是從「我愛」上斬草除根。

3、業力

下一個問題是：轉世之後會過著怎麼樣的生活呢？那就跟你的業力有關了。《俱舍論》說：「彼彼生中別別造業，自受異熟及士用果……而妄計有自在等因。」但一般人並不理解業力與自己的行為有關，還以為有一個外在的神明在影響著我們的人生。

簡而言之，轉世的過程中，是有這三股力量牽扯在一起的，並不是我們常常聽到的那些嚇人的故事，告訴你會有閻羅王之類的人物來審判。而原始佛法認為，這三股力量都不是什麼好東西。「我愛」是基於「無明」而產生的，是為有漏；情緒就是煩惱，是為有漏；業力，更加是為有漏。既然所有的有漏之果都是來自於有漏之因，所以轉世怎麼可能是無漏的呢？

但是，大乘佛法就是有不同的看法。

二、大乘佛法的無漏轉世論

《成唯識論》說：「不思議變易生死，謂：諸無漏有分別業，由所知障緣助勢力所感殊勝細異熟果；由悲願力改轉身命，無定齊限、故名變易。」

大乘佛法認為，促使我們轉世的那些因素，不全然是客觀上的有漏或無漏，而是你「主觀上要怎麼操控它們」，想當然爾，那轉世的結果，就不一定是有漏的了。這種論述之所以可以成立，正因為大乘佛法強調，沒有所謂的「客觀」的對錯，只有「主觀」的選擇所產生的不同結果。

原始佛法所提出的那三個轉世動力，在大乘佛法看來，不論是哪一個，都是可以被替換的。請注意，這正是因為他們的「有漏」都不是客觀上的「有漏」，而是轉世者自己主觀上的態度，所能決定的「有漏」或「無漏」。

1、我愛

大乘佛法認為，我愛是可以被「慈悲心」所替換，亦即上說的「悲力」；轉世的力量不只是單純「對自我」的愛，而是來自於「對眾生」，希望能利益更多眾生的心。舉例來說，假設你希望下輩子投生到非洲去當史懷哲，是這種動機驅使你轉世的話，那就不屬於我愛，而是慈悲心的表現。

2、情緒

基本上，以佛法的共識來看，常常會把討論的重點（例如禪修）放在情緒，也就是煩惱上面；但在提到轉世的時候，反而不太會去討論，因為轉世中更加重要的角色是「我愛」。在辯論時，大乘佛法也會鎖定在「我愛」上，「情緒」反而成了配角。

雖然如此，但大乘佛法在情緒層面重視的，則是上說的「願力」，也就是「發願」、「我希望如何如何」的力量。

一般來說，根據原始佛法來看：死前的情緒、也就是煩惱，決定的是臨終者死後「會去哪裡」。更具體來說，有無「我愛」，決定的是臨終者「會不會轉世」；而有了「我愛」之後，臨終前的情緒則會決定臨終者「去哪裡」：善道還是惡道。在這樣的體制下，無漏法、解脫者，是不會轉世的。好比《俱舍論》就站在小乘者的立場說：「何緣無漏不招異熟？無愛潤故；如貞實種無水潤沃。」

相對的，大乘認為這個決定我們會轉世「去哪裡」的情緒，可以被「我希望轉世去哪裡」的「願力」取代，而這也是大乘所重視的「自主轉世論」（往生論）中最重要的一環。

相對於一般人在轉世後會轉世到哪裡去，是受情緒控制而「不由自主」地轉世，大乘強調的就是：在生前就要養成「發願」的習慣，鎖定自己想要轉世的所在，而在臨終時，用這股平常就培養的願力，取代情緒的作用，「自主」地決定轉世所在。

3、業力

在這一個點上，兩派比較沒有太多爭論，因為原始佛法所說的造業，大乘佛法也講。只是，大乘佛法比較重要的論點，是在於「你是用什麼態度」去造業的，這樣的業因而被分成了「有漏」跟「無漏」兩門，上說《成唯識論》的也提到：「諸無漏有分別業。」

簡而言之，當原始佛法認為，有漏因果必然會引伸的就是有漏生死時，大乘佛法認為有漏之因的每一個環節都可以被替換，自然也就代表，轉世不一定是不好的。

⊙「佛身不滅」的詮釋

兩派最重要的爭論點，由此便落到了佛陀身上。因為在討論所有人的轉世是否為「有漏」之前，最關鍵的一步就是要先界定出佛陀究竟是不是有漏；假如連比任何人都了不起的釋迦牟尼佛本人都是有漏，那大家都可以回家，不用再辯論下去了。

如上一章所說：假如原始佛法追求的是「滅」，那大乘佛法追求的則是「更加完美」，而這個立場上的差異，就體現在「佛身論」上。

大乘佛法認為，佛身（梵文為kaya）具有更多的功德，而這個「身」並非指生理肉體，而是「聚集」，也就是「所有優點的聚集」。這些優點包含了他的口才、教育人的本事，甚至是他的眷屬、幫手，他的世界、法教，以及這些法教能維持多久，都是屬於「佛身」的範圍。

我們在前一章曾經談過，根據一些經典上的記載，佛年紀大了之後還是會腰痛的，乃至於常常會無法講課，讓弟子代講；經典上甚至記載，佛最後過世時，就是因為腹瀉嚴重到了出血的地步。從這個角度來看，佛非常之有漏啊！因此，原始佛法在對佛陀的看法中，認為佛的領悟境界雖然很高，但身體仍屬有漏的凡人之列，有其極限。

但是，到了大乘佛法，特別是原始佛法後期、大乘佛法前期的時候，就開始出現一個很核心的態度，就是我們在第一章所說的，把佛的地位捧高。因此，這時的辯論便聚焦在：佛的肉體到底是比凡人厲害，還是也沒那麼厲害？

大乘佛法認為，佛的肉體的確是比一般人了不起的。這個觀點，表現在一部有名的經典——《涅槃經》當中。顧名思義，《涅槃經》講的就是佛陀臨終時所留下的遺言，而《涅槃經》的核心思想有兩個：第一，「佛常住」；第二，「示現」。也就是說，「佛在這個世界的一切表現，不過是演戲」的意思。在這裡，我們稍微拉回到前面所討論的，大乘佛法與原始佛法相差甚大的討論點上。

原始佛法討論了有漏的物理性因緣；小乘佛法則把這個物理性因緣的範圍，放大到一切現象都是機械性因緣，所以一切現象都是有漏的；但此時，大乘佛法走上了截然不同的道路，也就是指出：原始佛法只談論了「有漏的物理性因緣」的存在，也就代表了「某些物理性因緣不是有漏的」，好比前說的無漏因果等等。

對於同樣的事情，小乘佛法和大乘佛法做了全然不同的解讀，所以，大乘佛法從這個基礎推出所謂的「無漏機械性因緣」，並提出「這種無漏因緣所產生的結果必然就是無漏的」。既然原始佛法說「只要有漏，就有生滅」，大乘佛法就進而提出：「既然是無漏，那就沒有生滅。」所以無漏被稱為常住、不壞的。《涅槃經》就說：「若善男子有慚愧者，不應觀佛同於諸行；文殊師利！外道邪見可說如來同於有為，持戒比丘不應如是於如來所生有為想，若言如來是有為者。即是妄語。」又說：「有為之法多諸過患。」對有為、也就是生滅的批評可是極致了。

《涅槃經》開頭時，弟子問即將死去的佛陀，如何才能長壽、獲得不會損害的身體？佛陀的回答便是整個《涅槃經》的內容。而大乘佛法提出的「佛身不滅」的論點，便開展在整部經典中。佛陀不再說他的肉體比其他人厲害，而是進一步地提出其肉體事實上是「不滅的」。換句話說，我們看到佛滅，只不過是看到滅掉的那個面向，但那並非佛的「身體」本身。

用更具體的方式來說，就好像我們都被關在一個小劇場裡面，看到舞台上有一個人演繹了生、老、病、死，我們就以為他真的死了，哭得慘兮兮，但他不過是回到後台、脫下戲服，去另外一個舞台演戲而已。在這個例子中，舞台上的人就是佛陀。我們之所以認為佛陀死掉，只是因為我們被困在劇場裡面而已，而這個劇場就是我們的無明與輪迴。

佛在《涅槃經》提出的論點是：當我們的修行有所進展，便可以看到更全面的畫面。對一般人來說，佛是死了，但對修行更深、智慧更強大的人來說，就像能夠走出劇場看到演員本人一樣，能夠認識到佛並沒有死過（更沒有生過）。這就是《涅槃經》、同時也是大乘佛法相當重要的論點：佛不會死、也不曾死。

大乘佛法相當多元而活潑，我們可以看到在「佛身不滅」這個共通的價值觀之下，發展出了各種學派和角度，用不同的層面來詮釋這個「不滅」。有些人認為，佛身之不滅是機械性上、物質上的佛身之不滅，也就是佛的肉體真的不會滅；有些則認為，是主觀上、心理意識上的不滅，比如說只要佛的法教還存在，就是不滅。在大乘佛法的理論上，存在著很多討論空間，可能是因為對於佛的緬懷與崇拜，乃至於希望佛永久在世的心態，而產生這樣的理論。

總而言之，當大家開始把釋迦牟尼佛神格化，或是不再當作一個凡人來看待時，就是大乘佛法思想發展的一個關鍵基礎。而大乘佛法下一步提出的理論，就是：不但佛可以這樣，我們每一個人都可以。這也是《涅槃經》提出的重要理論：「常樂我淨」、「常住」的佛不是只有釋迦牟尼，而是每個人都具備了成為常住之佛的機率與可能性。

這，也是大乘佛法在發展修行理論時，非常重要核心態度。

⊙為佛法思想帶來豐沛養分的大乘佛法

直到大乘佛法興起之後，佛法的哲學思想才真正進入了黃金時期。一般來說，原始佛法的唯物思想比較科學（此處指的是其「重視驗證」的特性）；而大乘佛法的唯心思想則偏向哲學、形上學的討論。

在此之前，原始佛法的辯論都比較像認知學上的辯論，討論人是如何感知這個世界，以及我們的經驗是如何構成，就好像在探討一個電腦系統處理資訊的方式，或者說五蘊物理性地運作方式。而在大乘佛法出現之後，便開始出現偏向純粹哲學理論的辯論。所以，一般認為，大乘佛法的理論系統都比原始佛法來得龐大、完整，就是因為大乘佛法比較偏重哲學：也可以說，這是一個從物理性修行過渡到主義式修行的過程。

我曾在《辯經．辨人生》中提到，許多人以為原始佛法就是一種哲學，但佛陀本人對哲學討論的態度，其實是不太重視的；佛陀在意的東西，還是屬於認知方面，也就是上章也提過的：「苦的本質」、「苦的源頭」和「苦的終結」。所以那種抽象、形上的哲學理論探討，在原始佛法中被認為並不重要。因此，我們可以說：原始佛法的架構、或者說是小乘佛法的性格，是比較內向的、保守的、科學的，並沒有往外走出去的動機存在，適合活在「個人空間」的人們。

上一章提到過，構成大乘佛法注重哲學的個性，有許多原因：除了大乘支持者本身的浪漫性格與佛法教團生存的現實問題之外，其實還有受到當時整個印度的不同思想發展的影響。

當沙門主義及佛法先後出現，婆羅門主義便面臨了嚴峻的挑戰。在佛涅槃之後、大乘佛法開始提出哲學思想前，受到衝擊的婆羅門主義也發展出自己的哲學討論，出現一系列哲學著作，也就是《奧義書》。婆羅門主義屬於宗教、人文學科的範疇，所以在原始佛法的時代，他們不太可能也提倡認知學的理論、反壓原始佛法，因此，他們便朝哲學思想發展，以此來捍衛自己的正統性；當然這也對佛法產生了壓力，讓大乘佛法更積極於建立自己的哲學觀。

同時，大乘佛法追求成佛，而這個「佛」的定義有許多，其中包括「大師」、也就是精通一切學問的老師地位。古代印度認為，學問分成五大類別：哲學（內明）、邏輯學（因明）、語言學（聲明）、醫學（醫明）和藝術（工巧明），類似古代中國所說的六藝，而在大乘的經論上明確談到，一位老師必須掌握五明。

《大乘莊嚴經論》說：「菩薩習五明，總為求種智，解伏信治攝，為五五別求。」可想而知，既然老師需要什麼都會，所以大乘佛法在此時的知識量也必須越來越龐大；更不用說，大乘佛法本身重視「心」的態度，也使得他們對於抽象的哲學問題越來越在意，進而造成知識的快速增長。

大乘佛法對於「心」的獨立性之重視，追根究柢來說，是作為必須深入社會的大乘學人們，能夠透過主義式修行來修持自心的一個保障：既然「心」不是物理性、機械性的存在，不完全是「物」的副產品，也就代表，全心投入禪修來改變五蘊的迴路，並不是唯一的修行道路。除了這種原始佛法的傳統方式之外，「主義式修行」、在日常生活中透過對利他主義的重視，慢慢轉化自心成見的修行技巧，也有其效益與發揮效用的可能性。

雖然有這樣的「可能性」，但具體來說要怎麼做？怎麼樣的方式才能在日常生活中，經由利他主義而改變我們的主觀與成見？這就是下一章要介紹的重點：空性。

【問答】

問：堅持己見、不聽別人意見的人常會被認為太過主觀，這種主觀與大乘重視的主觀判斷，怎麼分辨？

答：固執的人大都是因為其成長的環境所養成，這其實也就符合大乘的態度：每個人的主觀，都是來自不同的因緣（環境），所以自然沒有哪一個「主觀」是最正確的。不過，如果我們是一個大乘的行者，那麼可以嘗試的方式是：透過《中論》的辯證方式，來檢視自己的主觀，往往會發現，我們的主觀不過是一種「誤會」而已。但如果一個行者發現自己的主觀是誤會，卻仍然不願面對，那這其實就是屬於要透過基礎的原始佛法禪修以調整其認知模式，而不是大乘佛法的範疇了。

問：大乘佛法強調凡事取決於心態、心念、動機，是否就可以不用管原始佛法中的戒律？「以戒為師」在現代還適用嗎？

答：這是有前提的。前提就在於：當一位行者「真的」培養出利他主義，那原始佛法所說的「戒律」就會是其次的問題；但是這並不是說戒律不重要，而是說「利他主義」才是此行者的「戒律」。

「以戒為師」是佛法從古至今不曾、也不會變化的核心價值，關鍵原因在於：「戒」的態度就是「約束」。原始佛法約束我們的行動，讓我們漸漸離開痛苦的循環；大乘佛法約束我們的內心，讓我們漸漸離開對主觀的習慣性依賴。這都是來自於「戒」的力量，只是模式、型態與實踐過程有所不一而已。

3 成佛旅途——利他

我的生活往往被人認為是「斜槓」生活，亦即身兼多職，同時又腳踏許多條……生活模式（不是船喔哈）：經營Youtube、出一些勵志書籍、佛法翻譯、教學和出書（對，就是你正在看的這本），還有一堆一堆我自己都定義不出來的工作內容。我身邊的許多朋友都對我這樣的生活模式深感興趣，更多人覺得很酷：你不像我們認為的佛教徒啊？（這句話一般出現在酒吧之類的場合啦）

這是一個值得深思的問題：何謂佛教徒？素食沙文主義、連手機鈴聲都設大悲咒、穿的樸素然後帶著念珠、包包裡都有一本小經典，這樣才是佛教徒嗎？

你會發現，大家對於佛教徒的生活模式有一個「想像」，這代表的恰恰是一般的佛教徒「不入世」的代表：正是因為他們似乎並不活在一般人之中，所以大家才會對其生活模式有個死板的認知。

真的是這樣嗎？學習佛法代表我們要改變自己的生活模式，變成一個跟過去生活都告別的人嗎？如果是的話，這不就又與「利他」矛盾？在一個小圈圈裡自嗨，是要如何利他？

或是，利他的重點不是生活模式，而是心態？

我們在前面曾經提到《本生經》的故事，記載釋迦牟尼佛在千千萬萬個過去世裡，如何利益他人、造了無量無邊的善業。這些利他的過程實在數量過於龐大，因此其實在大乘佛法的經典上面，都喜歡用「雲」或「海」來形容，比如《普賢行願品說》：「普盡十方諸剎海，一一毛端三世海，佛海及與國土海，我遍修行經劫海。」表示這些數量有多難以計算；也提到大乘的無漏根本，即是利他主義。

⊙ 什麼是「利他」？怎樣才算是好人、好的行為？

但是，當這些利他的過程難以計量的時候，後面就衍生出一個問題：你要如何讓後世的追隨者們得以具體操作、實踐？一般人要實行某件事時，需要具體的數字或步驟。就像買DIY傢俱一樣，如果說明書裡的組裝步驟有成千上萬條，就會讓人很難跟著做、不知從何下手。

因此，在大乘佛法發展的過程中，特別是以《本生經》這種龐雜的論述為基礎時，就勢必面臨到一個問題：到底「利他」要如何實踐？要做到哪些事，才算是「利他」？更進一步來說，到底「利他」跟我們所說的「好人」有什麼差別？一般世間人做的「好事」，到底跟大乘的「利他」有什麼不同？如果兩者是有差異的話，又差在哪呢？實踐的內容跟心態上有哪裡不一樣？

針對這些問題，大乘佛法的確提出了明確的回答。不過，在討論所謂的「利他」之前，我們必須要先知道，在那個時代，古印度人認為的「好人」到底是怎麼樣的？什麼行為才算是好的行為？而這個定義，其實牽涉到早期佛法對於一般世間人的建言。

原始佛法時期，佛的弟子主要是分成一般人跟出家人。對於出家人，佛的態度非常明確：所有出家人，出家的目的基本上都不是為了將來在輪迴中過得更好，而是希望能夠完全離開輪迴、從輪迴中解脫。從《大寶積經．入胎藏會》上記載的故事，可以明白顯示出這個目的的根本重要性。

佛陀出家、覺悟之後，佛的異母弟難陀，在國王父親的命令之下，也追隨佛陀出家。但因為他並非出於自願而出家，所以他非常放不下漂亮的老婆孫陀利，心裡十分憂愁。

某天，他收到孫陀利問候他的信，終於受不了了，於是決定還俗。佛陀知道以後，就告訴他：「你跟我去一個地方，去完之後，你如果還是想回家，那就離開吧。」

難陀答應以後，便跟著佛陀來到一座雪山。佛陀在路上指給他看一隻瞎眼的老母猴，問他：「老母猴跟孫陀利，誰比較漂亮？」難陀回答：「當然是我老婆比較漂亮啦！」

佛聞言，便再帶他去往天人的世界轉轉。難陀看到天人界到處都是美麗的天女和宮殿，驚奇不已。在他亂走亂逛的路途中，看到每個宮殿裡面都有一個主人，惟獨其中一個宮殿是空的。好奇之下，難陀上前問那無主宮殿裡的天女，為什麼這裡沒有人住？天女便告訴他：「佛陀的弟弟難陀在人間修行，依照他出家修行的結果，他下輩子會投生在這個天人的世界，所以這個宮殿是為他準備的。」難陀聽了之後當然高興得不得了。

回到人間後，佛再問他：「那些天女和你老婆比起來，是誰比較漂亮呢？」難陀便秒答：「天女跟我老婆相比，就跟拿我老婆跟那隻母猴比一樣。」於是，難陀後來就不還俗了，繼續專心修行，希望來生可以投生為天人。

這個故事的後續還有許多發展，但總之，佛後來就告訴所有出家弟子：「難陀追求的是來世生於天人界，也就是想要在輪迴中過得更好。」這件事情就導致整個僧團霸凌、排擠難陀：難陀走到哪裡，大家都會起身離開，也不跟他講話。

有一天，完全搞不清楚狀況的難陀，遇到了佛陀的堂弟（同時也是他的堂弟）阿難，見他也要轉身就走時，便直接拉住了阿難，請他解釋，為什麼大家都不理他了？阿難是個比較好心的人，就告訴他：「佛陀說你是追求在輪迴中過得更好，但我們其他人都是追求從輪迴中解脫，所以我們是不同路的人。」

原經文如下：

佛念難陀愚癡染惑，尚憶其妻愛情不捨，應作方便令心止息，即告之曰：「汝先曾見香醉山不？」答言：「未見。」「若如是者捉我衣角。」即就捉衣。

于時世尊猶如鵝王，上昇虛空至香醉山。將引難陀左右顧盼，於果樹下見雌獼猴又無一目，即便舉面直視世尊。佛告難陀曰：「汝見此瞎獼猴不？」白佛言：「見。」佛言：「於汝意云何？此瞎獼猴比孫陀羅，誰為殊勝？」答言：「彼孫陀羅是釋迦種，猶如天女，儀容第一舉世無雙。獼猴比之，千萬億分不及其一。」佛言：「汝見天宮不？」答言：「未見。」「可更捉衣角。」即便執衣。

還若鵝王上虛空界至三十三天，告難陀曰：「汝可觀望天宮勝處。」難陀即往歡喜園、婇身園、麁身園、交合園、圓生樹、善法堂，如是等處諸天苑園花果浴池遊戲之處，殊勝歡娛悉皆遍察。次入善見城中，復見種種鼓樂絲竹微妙音聲，廊宇疎通床帷映設，處處皆有天妙婇女共相娛樂。難陀遍觀見一處所，唯有天女而無天子，便問天女曰：「何因餘處男女雜居受諸快樂，汝等何故唯有女人不見男子？」天女答曰：「世尊有弟名曰難陀，投佛出家專修梵行，命終之後當生此間。我等於此相待。」難陀聞已踊躍歡欣速還佛所。世尊問言：「汝見諸天勝妙事不？」答言：「已見。」佛言：「汝見何事？」彼如所見具白世尊。佛告難陀：「見天女不？」答言：「已見。」「此諸天女比孫陀羅，誰為殊妙？」白言：「世尊！以孫陀羅比此天女，還如香醉山內以瞎獼猴比孫陀羅，百千萬倍不及其一。」佛告難陀：「修淨行者有斯勝利。汝今宜可堅修梵行，當得生天受斯快樂。」聞已歡喜默然而住。

爾時世尊便與難陀即於天沒至逝多林。是時難陀思慕天宮而修梵行，佛知其意，告阿難陀曰：「汝今可去告諸苾芻，不得一人與難陀同座而坐，不得同處經行，不得一竿置衣，不得一處安鉢及著水瓶，不得同處讀誦經典。」阿難陀傳佛言教告諸苾芻，苾芻奉行皆如聖旨。

是時難陀既見諸人不共同聚，極生羞愧。後於一時，阿難陀與諸苾芻在供侍堂中縫補衣服，難陀見已便作是念：「此諸苾芻咸棄於我不同一處。此阿難陀既是我弟，豈可相嫌？」即去同坐。時阿難陀速即起避。彼言：「阿難陀！諸餘苾芻事容見棄，汝是我弟何乃亦嫌？」阿難陀曰：「誠有斯理。然仁行別道，我遵異路，是故相避。」答曰：「何謂我道？云何爾路？」答曰：「仁樂生天而修梵行，我求圓寂而除欲染。」聞是語已倍加憂慼。

⊙出家、在家的修行目標不同

我們故事就說到這裡。其實這部經典主要是在解釋，人是怎麼投生的。但這一段故事提到了一個重點，也就是在強調：出家最重要的目的，就是以追求離開輪迴為目標。在原始佛法的時代，佛陀並沒有教授獨特的「成佛之道」這種東西，因為他們並不認為佛有比阿羅漢神聖，也沒有「你一定要成佛」的這種想法。其修行者的唯一目標，只有解脫。

但是，也不是每個人都有辦法即刻就從輪迴中解脫的。因此，對於大部分的在家人，也就是沒有出家的一般人來說，佛陀就鼓勵他們行善積德，讓他們在輪迴中過得更好；如此一來，在往後的某一世中，可能就有機會脫離輪迴。

對出家人

所以，當時佛陀給予在家人跟出家人的教法、指導，是有明顯分別的。佛陀給予出家人的法教就是解脫之道。這個解脫之道的核心內容有三：

戒（持戒）

定（禪定）

慧（培養直觀的智慧）

透過這樣的方式，學人就可以從輪迴中得到解脫；而其中，在家人最主要無法做到的是「禪定」，因為禪定是需要特定條件才有辦法發生。

具體來說，修行人必須要遠離世俗的紛擾，來到佛陀所說的「阿蘭若處」，也就是寂靜之處的地方。當時佛陀建議，出家人必須要住到離城市、村落兩三公里外的森林中，才有辦法發起禪定的力量。

這對一般人來說、甚至於對讀者來說，當然幾乎是不可能的；所以，佛陀並不會隨意對一般人教導戒、定、慧之道，這個法教主要針對的還是出家人。這並不是在歧視特定身分，而是因為出家人本來就是專心致志於解脫輪迴，所以佛陀才教導他們戒、定、慧。

對在家人

而對於在家人，佛給予的教導就是一般稱之為「方便」的指導，也就是它並非究竟的教法，而是階段性的、循序漸進式的法門。這個階段性的教導包括：

1、佛陀非常鼓勵在家人要認識因果

2、進而必須投入於斷惡修善之中

這針對在家人與出家人的兩組教導之間有一個很大的鴻溝，也就是：這些行為是讓你在輪迴中過得更好？還是讓你離開輪迴？嚴格來說，在那個時代，當佛陀給予的是斷惡修善的建議時，很多時候是會讓你在輪迴中待得更久的。

舉例來說，你做的某些事情，會讓你來世生於天人界，就會走在的輪迴善道中，而不是墮入惡道；但換句話說，這就是讓人在輪迴中待更久，這與追求即刻解脫輪迴，有明確的不同。

根據後代大師們的認為，這是一個循序漸進的過程：佛陀先鼓勵行者離開惡道，最後再是離開輪迴，屬於大乘的《百論》就說：「初捨罪福，中破神，後破一切法。」

⊙在家人如何修行？

那在家人具體的修行內容是什麼呢；相對於出家人的戒、定、慧之道，一般人的修行稱為「三福」：布施、持戒、禪思。《長阿含經》云：「以三因緣致此福報，何謂三？一曰布施，二曰持戒，三曰禪思。」

禪思跟禪定很像，只是比較基礎；而在這三者之中，特別重視的是前兩個——布施與持戒，這是一般人需要掌握的基本修行。為什麼是這兩個呢？這跟佛法的價值觀有關。

佛法認為，布施和持戒會帶來兩種不同的結果：「布施」帶來的是外在、物質上的滿足；「持戒」帶來的是內在、生理上的健康。《寶行王正論》說：「施生富，戒樂。」可見，布施之果和持戒之果並不一樣。

比如說，以宗教信仰的角度來看，如果你這輩子持戒但不布施，下輩子可能就會生為一個很健康但沒有錢的人；反過來說，如果布施但不持戒，那就會變成一個過得很爽但身體很差的人。如果兩者都有做到，就會生為一個物質生活跟生理都很健康的人類或天人；但是，如果兩個都不做，那就不好意思囉……

因此，在原始佛法中，佛陀不斷地對在家人說：第一，你要皈依三寶，第二，你要布施與持戒。透過這樣的方式，你在輪迴中就可以達到兩個目標：不墮惡道、不離佛法。而終究有一天，在某一世中，你的條件都具備了，可以去做更深入的戒、定、慧修行時，就可以全心投入解脫之道；這種針對一般人設計的技巧，稱為六念處。《雜阿含經》就談到：「長者白尊者摩訶迦旃延：『世尊說依四不壞淨，增六念處，我悉成就，我當修習念佛功德，念法、念僧、念戒、念施、念天。』」

因此，「布施」與「持戒」便是原始佛法對於在家人修行所提出的核心內容，也就是一般人所說的「善法」。為什麼會產生這樣的核心內容呢？這就必須談到當時印度文化的背景。

⊙宗教，哲學化

印度的宗教哲學發展過程中，一直有兩股力量在拉扯：一股是比較高端、知識份子的哲學，另一個是比較低端的民俗宗教。兩股力量有時會合流，有時又分開。話雖如此，印度的宗教哲學化的發展非常早，也就是宗教儀式被哲學化得很早。在同一時代的其他地區，宗教的儀式主要就是儀式；但差不多在佛出生以前，印度的宗教儀式就已經經歷了哲學化的發展。

婆羅門教吠陀主義的祭祀

其中，最有名的就是婆羅門教的吠陀主義。簡單來說，它有兩個核心信仰：吠陀天啟（天所說）和祭祀萬能（祭祀可以滿足一切事情）。當然，每一個宗教都有它的祭祀理論，但那時，印度早早就已把祭祀哲學化。

根據印度婆羅門教的部分文獻，他們認為，這個世界的起源，是來自於創始神把自己祭祀給了真理。類似中國盤古開天的創世神話，一開始有一個神躺在那裡，把自己奉獻給真理之後，身體便化為整個世界。這種傳說體現在吠陀學派的後期著作《原人讚》

中，可見，當時的祭祀論是非常盛行的思想。

在婆羅門主義的社會中，婆羅門就是社會上的既得利益者、接受人民的供養而活，因此他們特別重視祭祀跟供養這件事。如前所說，婆羅門自己就是扮演祭司的角色，而人民若要贖罪的話，就必須祭祀、最好的供品則是土地。

沙門主義的布施

我們在前面章節有不斷提到，婆羅門主義在當時受輿論認為的是權貴與腐敗；對應而生的沙門主義，代表的就是一種反思、平民、新潮流的思想。這種對立表現在生活型態跟思想架構上：沙門主義反對婆羅門主義的立論，因此也反對一神的存在，反對吠陀的權威性，更反對婆羅門的生活型態（供養）。因此，沙門這個詞代表的是乞食者、乞丐，展現出了它跟婆羅門主義的根本對立。

布施的理論便是在此時出現，成為沙門主義的一種統一價值觀。這種價值觀來自於沙門行者生活上的需要，他們需要有人布施；同時，也為了對抗婆羅門的祭祀主義，所以理所當然地推崇布施。比如早期的《雜寶藏經》就講了不少故事，描述布施勝於供養的論證：「……尊者說言有施比丘一鉢之食，乃至勝得滿四天下金，云何如是？」

婆羅門主義的「戒」

再來，我們談談持戒的形成。在當時，持戒其實是整個印度的普遍價值觀。不論是婆羅門主義或沙門主義，基本上每個宗派都有自己的「戒條」。原本這些戒條的主要目的，其實是用來確認你在社會上的位階。

婆羅門社會是階級制度非常嚴密的社會，因為他們的統治階層是少數人，所以必定要鞏固他們統治的正當性，若不能標示出統治階級跟其他下層階級的差異，就會逐漸失去說服力。所以，如果是王族，就會有王族要持守的戒律；如果是婆羅門，也會有不同的戒律要遵守。舉例來說，婆羅門不能碰五辛，也不可以吃肉和蛋，如果犯了戒律（專有名詞叫「壞種姓」）、破壞了這個位階該做的事情，就會是非常嚴重的事情。

這種明確界定出階級制度，進而鞏固統治權的手段，體現在婆羅門的哲學、文化和思想中。

沙門主義的「戒」

而與其對立的沙門主義，為了破壞婆羅門的階級思想，便有了兩派作法：

1、反對任何階級與戒律。

第一派的代表人物就是前面提過的享樂主義者。婆羅門思想講求持戒，但不會挑明地說，他們是為了鞏固統治階級，所以會告訴其他人：持戒是為了來生可以被獎勵等等。所以在婆羅門文化中，一般人的生活就是有許多戒律要持守，當違反戒律時，必須透過祭祀去補償。婆羅門階級便透過這樣的階級制度，重複剝削的循環。

而沙門主義中的享樂主義者，也就是前面所稱的「斷見」者，他們反對有所謂「因果」的存在：他們不認為轉世存在，也不認為有絕對的客觀善惡，所以自然就不會接受任何戒律的規範；他們的想法有點類似虛無主義，認為既然戒律是人創造的，那就不會有正確對錯。

2、提出一種新的階級戒律論。

而第二派的代表人物，包含了佛陀以及耆那教的大雄，他們提出的是一種新的戒律制度。之所以選擇提出新的制度，是因為跟他們的出身背景有關；這些提出新戒律的沙門主義大師們，其實自己原本都是婆羅門社會裡的既得利益階層。也就是說，階級制度或是戒律的重要性，已經在他們腦中根深蒂固，就算換了一種思想，他們還是會認為，應該要提出一種新的戒律觀。而第一派的斷見者，則多出身於婆羅門社會中的賤民階級。

⊙超越世間道和小乘佛法的大乘利他主義

上一節我們解釋了「布施」與「持戒」這兩個實踐佛法之路的發展背景，而在原始佛法中，這兩者是針對在家人的教法；但這也並不是說，出家人就不做這些事情，只不過出家人是以戒、定、慧之道為重點。

在大乘佛法後期，例如在龍樹寫過的著作中，有兩本相當重要，是以他寫給某位國王朋友的信所構成。在信中，他提綱挈領地講了許多對一般在家人的建議，因此被後世大量傳頌。那些內容主要在講的，就是布施與持戒為主的修行技巧，前述所說的布施之果與持戒之果，在書中便有明確的描述。比如其中一本的《寶行王正論》就說：「恆敬起正勤，於戒施忍等，作事法為先，及法為中後，謂無虛真理；現來汝不沉，因法現好名，樂臨死無怖。」

回到我們在本章開頭提出的問題。從原始佛法來到大乘佛法的興起時，就出現了幾個需要解決的事情：大乘佛法講求「利他」，就必須去跟一般人的「世間道」（以布施與持戒為主）與小乘佛法來比較。也就是說，大乘佛法必須建立出這樣的特色：雖然它比小乘佛法更接近世間，但它與世間道不同；雖然它比世間道更出世，但它又與小乘佛法不同；它與兩者都類似，但又都不一樣。

一、大乘利他主義 vs 世間道

大乘者修行的內容一開始也是以布施與持戒為主，但與在家人之修行的差異在於：一般人的布施與持戒，仍然是在輪迴中創造有漏的快樂，可是大乘者追求的是無漏的快樂，所以兩者的實踐方式很類似，但目的不同。

舉例來說，在《本生經》裡面，記載的百分之九十的故事，都可以用「布施」一詞帶過。為什麼呢？其實在原始佛法中，最原本的布施是指狹義的、錢財上的布施；但來到了《本生經》之後，布施就被賦予了更廣泛、各式各樣的意涵，包含了性命的布施、個人尊嚴的布施、頭眼手腳的布施，甚至包括妻子、兒女的布施（古時候把女人視為財產）。因此，釋迦牟尼佛在《本生經》故事裡的修行內容，就可以用「布施」這個詞來涵蓋——他累生累世的布施，最後成就了他的佛身與功德。

大乘佛法的論師後來更具體地把布施分為三類：物質上、精神上（無畏施，也就是給予別人保護、讓別人不害怕），以及法（知識）的布施。《俱舍論》云：「我釋迦菩薩、於何位中，何波羅密多、修習圓滿？……若時、菩薩普於一切，能施一切；乃至眼髓。所行惠舍、但由悲心；非自希求勝生差別。齊此、布施波羅密多修習圓滿。」

這樣的分類，便解決了大乘佛法在修行內容上跟原始佛法的世間道相似的爭議。舉例來說，古時候一般人是不太可能進行無畏施，只有國王這種人才比較有機會實踐；而法施更不可能了，因為大部分在家人是不懂佛法的。大乘佛法在此處提出了對布施的獨特詮釋，標明出：利他主義跟世間道雖然作法相似，但目的不一樣，因此態度也會不一樣。而這個態度，我們會在後面說到。

二、大乘利他主義 vs 小乘佛法

跟小乘佛法的出家人相比，大乘者追求的是在輪迴中利益更多的眾生，乃至於最後成就一個有功德的佛身，或者說一個擁有很多利他特質的佛身。這跟單純追求遠離輪迴的小乘者，是完全不同的。

追求解脫的小乘者，被大乘稱為「斷滅」，他們認為這是一種消極主義，而自己則是傾向積極主義。在大乘的許多經論中，都談到大乘之道的修行核心有兩個：智慧與慈悲。比如《現觀莊嚴論》中的偈頌：「智不住諸有，悲不滯涅槃。」說的就是：智慧讓大乘行者不落於輪迴，慈悲讓大乘行者不落於涅槃。

此處所說的智慧跟小乘佛法所定義的智慧一樣，是讓人遠離輪迴。但是，如果只有智慧，會怎麼樣呢？大乘者認為，獨有智慧，會讓人沉寂於涅槃之中，也就是陷在追求個人安樂的消極之中，限於「個人空間」中。

大乘的第二個修行核心是慈悲，而這個慈悲，正是可以讓人遠離「沉寂於涅槃」這種極端。這種論調是一個相當獨特的思考模式，因為它把「輪迴」與「涅槃」分別擺放在兩個極端。在以往，小乘佛法追求的是擺脫輪迴，達到涅槃；但是大乘追求的卻是不再輪迴，也不再涅槃。小乘這種消極性的涅槃、無輪迴的涅槃，正是被大乘所唾棄的，因為大乘的核心目標，是追求佛身，而消極性的涅槃本身，並沒有佛身功德可言。

因此，大乘者在維持遠離輪迴與遠離涅槃的過程中，必須要具備兩個特質：一個是和小乘者一樣擁有遠離輪迴的智慧；另一個則是小乘者所沒有的，遠離涅槃的慈悲，也就是利他主義。

對大乘者來說，佛的涅槃並非小乘的那種透過戒定慧獲得、純粹解脫的涅槃，而是「無住涅槃」——不陷於任何一邊的涅槃。雖然大乘者並不反對小乘者使用的戒定慧之道，但他們認為，對追求佛身來說，光只有戒定慧是不夠的，因為此道只能單純幫助我們遠離輪迴，但這並不是大乘者的目標。

走在中間的大乘道

前面提過，大乘佛法前期有所謂的「種姓論」，也就是認為大乘者的種姓比較優越，而小乘則否；藉由陳述這個種姓上的差異，來凸顯大乘之道比較高段。而為了證明這種優劣，大乘就必須證明，他跟世間道和小乘的差別在哪裡。

簡而言之，大乘跟世間道相比，大乘有智慧，而世間道沒有；跟小乘相比，大乘有慈悲，而小乘沒有。這兩種特色，便是要讓大乘道遠離世間道與小乘道，超越兩者，走在中間的道路上。

⊙大乘獨有的實踐利他之道：六波羅蜜

更進一步來說，大乘佛法並不認為，有漏終結就等於無漏之果。好比「還完債」跟「有錢」是兩回事，你還完了卡債，並不等於說你就有錢了。這裡的關鍵差異在於：如前所說，小乘者認為所謂「無漏的完美」是不存在的，因此會希望把債還完，就不要有任何瓜葛了；但大乘者卻認為，有時候負債其實是件好事，就像某些大企業不是沒錢，但會刻意讓自己負點債，不把錢還完，而轉為投資，好讓自己日後有得到更多收益的機會，好比之前所提到的不思議生死。

六波羅蜜

從這個立場出發，大乘歸納了世間道的修行，加上小乘道的修行，構築了自己獨有的修行方式，提出六個利他的核心實踐方法：

從世間道而來：布施、持戒

從小乘道而來：禪定、智慧

自己提出：精進、忍辱

以上六個修行，就是所謂的「六波羅蜜」，是大乘認為一切利他主義實踐的統整；換句話說，《本生經》裡面就是在實踐以布施為首的六個修行內容。雖然在龐大的本生故事中，實踐利他的方式好像有十萬種，但其實都不脫這六項（順序是：布施、持戒、忍辱、精進、禪定、智慧）。《大乘莊嚴經論》云：「為攝大乘六道故，立波羅蜜數唯有六……如是六種道攝一切大乘道盡。」

前面已經解釋過，從世間道和小乘道提取的修行內容，和原先版本的差異與相似之處在哪。它們雖是共有這些條目，方向大致上相同，但目的和內容卻不太一樣；而精進與忍辱這兩項，則是大乘道特別強調的特色。

精進：為了走得更遠

精進，也就是努力。小乘道裡面也有講到精進，但並沒有像大乘道一樣如此強調。在小乘佛法的邏輯裡面，「努力」是不太需要特別去著重的，原因很簡單：我只要告訴你某件事情的好處、對你的幫助，你天性上就會自動去努力了。所以小乘道認為，不太需要去花力氣說服別人努力，只要告訴你好處在哪就好。

再者，小乘道需要「努力」的時間比較短，因為要完成小乘之道，是有可能只用一輩子就達到的——如果一個凡人夠努力，是有可能在三到五個月的時間，就完成阿羅漢之道。相對來說的大乘道，如果以《本生經》來看，佛陀不知道轉世了幾千幾萬次，才終於達到佛果。

所以，大乘道之所以講求精進，是因為它要的是有續航力的精進，要走得更久更遠，而不是小乘道那種短期的、天性上的努力。比如後期大乘中的重要論典《現觀莊嚴論》就點出，在大乘行者決心要成佛之後，最重要的就是維持其「精進」；早期的大乘經典，也常常形容大乘行者是「披精進甲」，亦即穿著精進的鎧甲，不為其他事物所影響、迫害。

忍辱：為了利益社會大眾

忍辱更是大乘道最重要的核心，而這也是在世間道跟小乘道裡面不太談到的。在世間道跟小乘道裡，什麼時候會談到忍辱呢？例如在世間道中，龍樹寫給國王朋友的信裡，就有談到忍辱，但那只是人跟人之間的忍辱，是屬於社會交際、與人好好相處的那種忍辱。《寶行王正論》就說：「施戒及忍辱，多為在家說。」而對小乘道來說，這種忍辱更是沒有特別強調的必要性，因為小乘者大部分都離群索居修行，少有與人相處上的為難。

然而，大乘道為什麼要修忍辱？因為要利他。所謂的利他，就是要接觸社會大眾。可想而知，一定有些眾生是讓人無法忍受的；講白一點，就是會遇到很多自私自利的傢伙。所以在大乘道談到忍辱時，這個忍辱是有其廣度與長度，就像精進一樣，你必須忍耐眾生的愚痴，要忍耐不要遁入小乘道，而有些人是確實會受不了的。

舉例來說，觀世音菩薩一個很有名的傳奇故事，便是在講忍辱的困難：觀世音原本是一個普通人類，當他在諸佛面前發心說要利他時，他發誓絕對不會放棄，要是放棄的話，他自願讓身體碎成千萬片。結果在利他的過程中，因為真的太過困難了，所以他還真的放棄了；就在放棄的那一瞬間，他的身體也真的碎成千萬片。後來諸佛加持他，把他的碎片再組合起來，才成為千手千眼的形象。這個事件背後的寓意是：如果連傳說中的觀世音菩薩都會放棄，更何況是一般人呢？

此外，大乘的修行者名為「菩薩」，而這個字在梵文的完整稱號是「菩提薩埵」，菩提的意思就是佛果、覺悟，而薩埵則是指勇士。所以說，菩薩指的就是走向佛果的勇士，那些發願要成佛的人，全部都是菩提薩埵。這是一種尊稱，因為要非常有勇氣，去面對社會大眾中的不安定因素。所以，經典上面便說：所謂的菩薩，是指他內心的力量極為強大、堅忍不拔，不會被他人所動搖。因此這裡的勇氣，便特別是指內心的力量，跟外在的力量並無關聯。

經典上面也有另外一個很有趣的譬喻，跟佛陀有關：許多大乘佛法的經典上，開頭都會寫「十方世界的諸佛前來禮讚釋迦牟尼佛」，為什麼要來讚歎釋迦牟尼佛呢？因為他們覺得，釋迦牟尼佛住在一個糞坑裡面，也就是所謂的「五濁惡世」（專指我們的世界），這是個充滿五種污穢、紛亂的地方，就像糞坑一樣。

所以，不少經典都會形容佛陀就像白蓮花一樣，因為據傳白蓮花在糞坑裡長得特別好，更是所有花中最為美麗的；也就是說，釋迦牟尼佛在這種糞坑都還有辦法待得下來，實是善為忍辱，能夠忍受這個世界。

所以，忍辱和精進，才會在大乘之道中擺在如此重要的位置。

⊙利他之道從忍辱開始

換句話說，利他之道的核心，便是從忍辱開始。相對於這種蹚一灘渾水的勇氣而言，就是小乘道的阿羅漢，他們會認為：「不要管我，我只要解脫就好，我也不想要這個佛果，因為風險實在太高了！」這個態度便可以點出，「忍辱」這一點在兩個層面上的奮鬥與掙扎：

1、憤怒的忍辱

就像前面提到的觀世音菩薩的故事一樣，在利他的過程中，要面對難以忍受、愚笨的眾生，很容易就會產生憤怒之心，覺得靠北。

2、欲望的忍辱

大乘菩薩道修行的內容，因為跟世間人做的事情很像，所以一不小心，就會長出世間人之果。這是什麼意思呢？意指大乘者在布施的時候，他知道自己是因為為了要成佛、利益更多眾生而布施；而世間人也會布施，只不過世間人的布施是為了要得到善果，好在輪迴中過得更好。對於大乘者來說，這個過程中只要一不注意，很容易就會被布施所得的結果誘惑。好比權貴一般，政治人物在上位時，可能一開始都有好的心態，但慢慢地，甜美的權力開始扭曲一開始的本心與原則，到最後就變了。

因此，大乘道的忍辱是在這兩個極端中忍辱：嗔（憤怒）與貪（欲望）。大乘者要能夠不受其所動搖，不會因為世界太笨而生氣，也不會因為欲望太美好而利欲薰心。有些佛教藝術會以「孔雀」這個形象，來形容大乘行者的特質：傳說住在森林裡的孔雀性好食毒草，而吃了毒草之後，能夠讓其羽毛更為華麗。對於大乘行者來說，這些「毒」並不是真的「毒」，他們具備了轉化其毒性的能力，這在下面會談到。

這種大乘菩薩道的忍辱，實在是相當困難。所以，對很多阿羅漢來說，他寧可就算了。首先，他已經對這些事物沒有太大興趣；再來，這種東西有可能會引發嗔或貪，這實在是太危險了。於是，阿羅漢寧可不要成佛，你過你的獨木橋、我走我的小乘道就好。

雖然大乘的修行技巧統攝為「六度」，但要特別注意的是，這並不是說，從今天起我們就要把時間花在布施、持戒或是諸如此類的修行上；也不是說在做每件事情時候都要先想：「我現在是在布施還是持戒？」這種態度都是一種「教條式修行」，恰恰是背離大乘的精神。

簡單來說，六度是一種 How 而不是一種 What，並不是說學習了六度後，就要每天投入在六類行為中；而是在任何行為時，循序漸進鼓勵自己以這六種「態度」、「精神」來去面對。

《大乘莊嚴經論》云：「無偏及無犯，遍忍起善利，禪亦無分別，六度心平等。釋曰：『此偈顯示菩薩行六度得心平等。無偏者是布施心平等……無犯者是持戒心平等……遍忍者是忍辱心平等……起善利者是精進心平等……禪亦者是學定心平等。……無分別者是修慧心平等……』」換句話說，在做任何行為，貫徹「無偏私、無傷害、忍耐、利益、平靜、平等」等精神，就是六度的修行；也可以說，「什麼態度」比「做什麼」

還重要，而不能將其視為教條主義。

⊙大乘特有的利他觀

既然，大乘菩薩道的修行時程遠比小乘阿羅漢久遠，所以大乘道進而必須要提出很重要的論述：它必須具備某種遠比小乘道來得深遠、強烈的智慧。小乘阿羅漢無法處理這麼多人事上的問題，也沒有踏入這攤爛攤子的勇氣；那既能夠處理、也願意處理的大乘道，就必須說明自己所獨有的智識為何。

前面提過，從一開始的原始佛法到早期的大乘佛法之間，大家普遍認為，佛的智慧跟阿羅漢相等，只是在福德上勝過阿羅漢。但當大乘道的修行方法被具體化時，就開始出現一個很重要的概念：佛、菩薩們的智慧一定有某方面勝過阿羅漢，所以才能面對阿羅漢無法面對的問題；此時，大乘的經論除了提出利他觀（六波羅蜜），又提出了與利他有關的獨特思想觀。

我們先從利他觀談起。這六波羅蜜是為了要與世間道畫出界線，而不管是大乘者還是小乘者，都怕落於世間道。小乘的處理方式就是完全不碰；而大乘因為必須接觸，所以特別提出了不同的接觸方法，這個方法，就被涵蓋在利他行動中的前、中、後三個階段裡。

（前）發菩提心

大乘道強調，在實踐任何的利他行為之前，一定要先記得：我的動機是為了成佛、我是為了利益他人，必須一再地強調這個動機，因此這個過程叫做「發菩提心」。

（後）迴向

在完成一組利他的行為時，你必須再一次強調，這個行為是為了利他，而這步驟的專有名詞就叫「迴向」。一般人現在在講的迴向，已經偏離了它原本的意思。

大部分人認為迴向是一種聚焦的行為，例如我今天扶老太太過馬路，我要把這個善業聚焦到明天的考試上面。但是，以客觀角度來說，在原始佛法與後原始佛法中，是不可能推崇「迴向」的。因為對世間人來說，不論做什麼善業，在此之後迴向，都是為了要在輪迴中過得更爽；但對追求戒、定、慧之道的出家人來說，這不是他們所追求的。

在大乘道中，迴向的意思其實是「轉向」，把原本世間道認為能創造更好的輪迴之因、有漏之因，轉向為成佛之因、無漏之因，所以才叫迴向。

以小乘道來看，是絕對不會做「迴向」這件事，因為他單只追求解脫；小乘者不但不追求迴向，也不追求布施跟持戒的善業，那是世間道的事。而對於世間道來說，世間人的迴向只是聚焦於自己的願望，那自然就不是真正的迴向。

所以，只有大乘道會做、也知道怎麼正確地迴向，而這個迴向的核心，就是把原本世間道的善事，轉而成為走向佛果過程中的能量，專有名詞稱之為「資糧」。

簡而言之，在做任何利他行為之前，要先確定你的動機，做完之後要迴向，這前後兩者是呼應的。這也是主義式修行扭轉我們慣性的核心技巧：主義式修行的一個特點，就在於它能夠體現與貫徹在日常生活中。

我們並不是要特別騰出一個時間，來練習戒、定、慧，而是確定自己的價值——利他精神，確定自己的態度——六度心態，然後在每天開始的時候，提醒自己，以這樣的價值與心態來度過這一天；在每天結束時，檢視自己有沒有貫徹這些價值？這些價值對我產什麼什麼改變？我的主觀與成見有沒有因此而稍稍減弱？這些才是「主義式修行」

產生作用的明確步驟，而絕非「教條式」的規定。

（中）三輪體空

那中間的步驟是什麼呢？也就是說，在做任何利他行為的當下，必須實踐一個關鍵的心態，叫做「三輪體空」；簡單來說，此即對於做這件事情的人、所做的事情，以及那個對象（總稱三輪），都沒有抱持真實的期盼。因為當你抱持任何期待時，就回歸到世間道了。

所以，前、中、後這三個步驟，目的就是為了要畫出與世間道的差異，而以心態去隔離世間道。其中，發菩提心和迴向都相對好理解，可是「三輪體空」是大乘道非常獨特的思想：它非常複雜，但也非常關鍵。我們就接著來談談其核心：空性。

⊙大乘最獨特的思想：空性

在原始佛法的發展過程中，釋迦牟尼佛提出了一個獨步於整個印度，甚至到現代都還是很獨特的理論，叫做「無我」。要解釋「無我」之所以獨特的原因，就必須回到當時沙門主義的發展背景。

「無我」是一個非常典型的沙門主義主張，因為是對應於吠陀主義的核心——「我」而產生的。「我」在梵文中叫做atma。這個「我」不是在講「你、我、他」的那個「我」，而是指主宰者的意思，也就是主。這個主跟我們一般人所認為的「自我的靈魂」有點像。

我們都會說「我的」舌頭、「我的」大腦、「我的」思想……但當你用「的」這個字時，就代表你認為這些東西都屬於一個「我」、背後都有一個更高的「我」在那裡，好像剛剛講的那一切都不過是這個「我」的附屬品；可是，在佛法的思想裡面，「我」並不存在。

佛法用一系列的論述強調這個atma不存在，以梵文稱之為natma來稱之，也就是「無我」的意思，但原始佛法比較少用「空」這個字。對原始佛法來說，「空」是「無我」的一個特性；但是到了大乘佛法，才特別把這個特性抓出來放大、強調。

那麼，原始佛法在談的無我，又是為什麼呢？當時的印度思想，普遍很早就有一個共識：不論是吠陀主義或沙門主義，他們都認為，一切的痛苦都是來自誤解，只要解決了這些誤解，就會得到快樂、解脫、寂靜等等。

依照吠陀主義（也就是婆羅門主義）的說法，他們認為：人的痛苦與誤解，就是因為「沒有認識到我」，這個專有名詞就叫「無明」。對他們來說，一開始，人有所謂的精神存在，但是這個精神發生了一個狀況。有點類似在照鏡子，結果用的是一張哈哈鏡，所以映照出來的「我」的影象，就是扭曲的；接下來才出現了扭曲的經驗與世界，而這個扭曲，就是無明。因此，無明就是一切痛苦的源頭，比如《薄伽梵歌》就談到，人沒有認識到本具的「我」，此即無明、是一切痛苦的根本。

原始佛法則是認為：無明並不是來自於「沒有認識到我」（非我），而是誤以為「真有那麼一個我」的存在。相對於吠陀主義則認為，只要認識到真正的我，即可以解脫。但佛法則反駁，根本沒有我——只要任何認為「有一個我」的想法，都是不對的。

可見，雖然大家都認為痛苦是來自於無明，但每個人對於無明指的究竟是什麼，都有不同的論點。而原始佛法解釋這個「無我」的方式，是使用非常近似於認知學的方式：

當你透過剖析自己的身心理組合，也就是這個五蘊，就會發現，根本沒有所謂的主宰者存在。

人無我

我們在前面章節提過的車子的例子，便可以再拿來一用。既然車子只是一堆零件組合而成的，而「車子」只是一個我們加上去的概念，那就根本沒有「車子」的存在。那麼，僅僅是認識到「我們沒有一個所謂的『我』存在」，意即意識到「無我」這件事，就能消除你的誤解，進而得到解脫。

這種「無我」是鎖定在我們的五蘊上面來談的。換句話說，如果你問原始佛法的學者說：杯子、桌子是不是無我的？他們是不會理你的，因為這跟解脫無關。由於痛苦的一切源頭，都是來自對於「我」、更舉體來說是將五蘊視之為「我」的誤解，進而有了為了保護自我而產生的一切行為；所以，只是意識到個人五蘊的無我，這就夠了。這個無我，被後代佛法學者稱為「人無我」；但此處的這個「人」並不是只有指人類，而是指所有生命體所帶有的無我特性。

然而，這個「人無我」有一個很重要的概念：它並不否定每個零件的存在。拿車子來舉例，雖然沒有一個「車子」的存在，但原始佛法並不否認輪胎、把手、引擎蓋等每個零件在客觀上存在，也不否認這些零件有客觀價值、有其客觀作用；而到了小乘佛法，反而會強化它的客觀存在。

然而，這並不是因為小乘佛法沒事找事、故意要去強化事物的客觀價值，把大家都變成教條主義的信徒，這種發展的主要原因，跟承繼自原始佛法的修行技巧——戒、定、慧有關。

一般來說，原始佛法的修行論大抵是透過一系列的約束（戒、定）來讓自心越加專注；接著將這份專注之心用來觀察（專有名詞稱為觀禪，或毘婆舍那），觀察什麼、怎麼觀察呢？確切來說是「貼標籤」。舉例來說，如果要瓦解我們對「車子」這個概念的執著，此處所推薦的方式會是不停地去標籤「這是輪胎」、「那是方向盤」、「那是雨刷」、「這是頭燈」，經過一系列對其細節的貼標籤，進而得出「啊！那『車子』在哪？沒有『車子』、只有零件啊！」的結論。

同理，小乘佛法所鼓勵的修行，就是去對自身貼標籤：這是色、這是受、這是想、這是行、這是識……接下來我們就會說：「阿那『我』呢？『我』在哪裡？」透過微觀上標籤細節，來瓦解對宏觀之「我」的執著，是小乘佛法延續自原始佛法後的修行技巧。但重要的是，當時為了宗派的發展，小乘佛法開始將這些「標籤」哲學化、教條化、物理化，進而產生必然的後果：認為這些標籤是客觀的存在。

以經論上來說，所謂的「標籤」叫做「相」，而「相」又分成某個事物特有的標籤——自相，與事物共有的標籤——共相。所有小乘的重要著作，也就是阿毗達磨系統的著作都會說，他們的論點核心，就是在研究相，也就是客觀的標籤。

比如《俱舍論》說：「此諸慧論是彼資糧故，亦得名阿毘達磨；釋此名者能持自相，故名為法。」而《大毘婆沙論》也說：「分別諸法自相共相是阿毘達磨。」既然整個學術的核心都是在探討「標籤」之間的關係，自然就有認為這些標籤是真實、客觀的傾向。

相對來說，大乘佛法提出了獨特的「空性」理論。如果我們從修行之路的論述來看，大乘道在談空性時，是以「人無我」為基礎，但就像其繼承其他論述的方式一樣，大乘道走的方向更為寬廣。

三輪體空

首先，空性論觀點不再只是像人無我一樣，只專注在自己身上，而是投注到像「三輪」這樣的內容裡面。三輪裡包含了三種要素：我（做的人）、受者（對象）、物件（事件）。更具體地解釋來看，好比我對他布施、給了他一千塊，那就滿足了上述的三輪組合：我、一千塊，還有他。

大乘佛法在實踐利他主義所說的「三輪體空」時，便是強調，我們對這三者不能有過度的期待。針對「做的人」這一點，跟人無我很像，可是當拓展到「對象」、「事件」時，大乘就開展了自己的特色，也就是「觀照」的能力，已經不再只是鎖定在自我身上，而是開始面向他所做的行為和他的對象。

因此，大乘的空性在牽涉的範圍上，比原始佛法的「人無我」還廣，這是因為如先前所說，大乘道特別強調：如果沒有空性的思想支持，你所做的利他主義都會淪為世間道。

總的來說，相對於小乘佛法，大乘者實踐的利他行為跟世間道很像，但它必須透過「前、中、後」的組合，才能讓它與世間道有所差異；而其核心內容，就是三輪體空。

而大乘所說的空性，其實受到許多思想的影響，所以在不同的場合、不同的宗派之下，都會對於大乘的空性有不同解釋。不過，本書是聚焦在大乘剛興起的這段時間，主要闡述的是前期大乘跟小乘之間的問題，所以暫時不會討論到後期的空性理論是如何發展。

⊙ 把空性思想挖得更深的「五蘊皆空」

基本上，前期大乘的空性理論思想中，除了把「人無我」的範圍放大，也加深了範圍。何謂加深範圍？這裡又可以拿車子的例子來用了。當我們了解到車子是由很多零件組成，而沒有所謂車子存在，小乘者到這邊就停了。在這邊止步的原因，是因為小乘道認為，這樣就足以認識到「人無我」、就能得到解脫，也就足夠了，所以，他們不會進一步去探究，到底那些零件是不是真的？反而會因為其學理需求，傾向認為零件真實。

大乘佛法的智慧在這裡挖得更深，最簡單的例子就是《心經》中的五蘊皆空。原始佛法會說「五蘊組合而成的我是空的」，但並沒有過度關注到五蘊（也就是零件）是不是空的；小乘佛法則認為「五蘊組成的我」不存在、但五蘊本身真實；而相對的大乘佛法則主張，就連五蘊都是空的。

換言之，大乘佛法把原始佛法用來瓦解「我」的邏輯來挖得更深。比如說：「車子是由輪胎、保險桿等等組成的，所以沒有車子的真實存在；可是當你去觀察輪胎，也會發現，輪胎是由橡皮、框架組成的，那哪有輪胎呢？」這就是大乘空性思想的核心表現。

沒有獨立不變的「性」

這個理念要反對的，就是小乘佛法所說的「客觀的正確與價值」。所謂的客觀價值，在於認為每個東西都有它的「性」，這是一種印度哲學的價值觀；而「性」一詞帶有兩種意涵：獨立與不變。

討論這個問題前，我們先看看中國文化：中國哲學討論人格的時候，有所謂性善說與性惡說之爭，不少人會在這個時候從佛法的角度來說說話、參一腳。但其實以原始佛法來看，性善、性惡說是不合理的，原因在於：從原始佛法的邏輯解釋，當你說一個人性善，就代表他從頭到尾都是善，不會有惡，反之亦然。換句話說，「性，指的是一個東西不會受任何機緣改變的特質」。

當你是某種「性」的時候，就會一直都這樣，前後一如；「性」必須帶有不變的特性，連帶的就是「獨立」的特性：不論受什麼影響，他都不會變。如果是一個性善的小孩，你把他丟到糟糕的環境裡長大，他以後也不會為惡；如果是一個性惡的小孩，就算受到好老師教育，他也不會變成好人；在原始佛法中，所謂的「性」就是這個意思。

而此後的小乘佛法也認為：雖然「我」不存在，但組成名為「我」的每樣事物，都有他客觀的「性」。譬如在基本的元素觀裡，「地」對應的是堅固性，「水」是濕潤，「火」是暖度，「風」是流動。拿我手邊的馬克杯來說，其堅固的部分叫地，濕潤的部分叫水，暖的部分叫火，會動的地方則叫風。這四個元素的觀點，就是來自當時原始佛法、甚至是印度的哲學共識中，最基本的世界觀；這些元素構成了一個大的事物，我們稱之為杯子。但事實上，從最微觀的世界來看，這些元素都是客觀存在的，這就是此後的小乘佛法之主張。

《俱舍論》就引用了經典，強調一切物質都是由四大元素構成：「……苾芻當知：色謂外處四大種所造，有色有見有對。聲謂外處四大種所造，有色無見有對。香、味二處廣說亦爾；觸謂外處，是四大種及四大種所造，有色無見有對。』如是經中唯說觸處攝四大種。」

但是，大乘提出的理論就完全不同；首先，他認為這個「地」的特性並不是不變的、而是可以轉變的，當你給它不同的因子時，就可以摧毀地的特性、改變它的特性；再來，它也不是獨立的，獨立就是不論受什麼東西影響，都沒有辦法動搖它，但世上沒有任何事物如此。

獨立跟不變，是同一件事的兩個面向。當一個東西不會被任何條件改變，稱之為不變；當它的存在不需要依賴任何條件時，稱之為獨立。所以，一個是「生」的面向，一個是「滅」的面向。而大乘佛法認為，沒有任何東西有「性」，因為萬事萬物都是互相依賴而變化。

從這裡得出的結論是：既然是互相依賴變化，那我們也不過從這個存在、互相依賴而變化的時間軸中，切了一個點下來，然後賦予它一個「性」。這就是主觀加上去的性，而不是客觀存在的性，如果真是客觀的存在，它是不會變化的。

用最簡單的例子來說：空性理論不認為有「不可被教化」的壞人，或者又可以用我很喜歡的一個電影名句來形容：「世上並沒有壞人，只有最壞的情況。」「最壞的狀況」是「狀況」，也就是暫時的，不是永久的；它是因緣生的，可以被改變的。

更進一步來看：古印度人在定義一個東西的「性」時，其實在說的是這個東西的作用、功能。因此，大乘與小乘的爭論點就在於：這個功能（性）是來自於哪裡？是我們主觀給他加上去的呢？還是他客觀存在的？就如同盛水的杯子，小乘者認為，這個杯子不管有沒有人用，客觀上它就是有盛水的作用。而大乘者認為，正是因為它經過一系列的條件組合，構成了盛水的特性，才被我們用做盛水的器具，這是主觀的認定；當這個組合破壞（瓦解）之後，它就不再帶有盛水的作用，所以其盛水作用並不是來自客觀的存在，是先有一系列過程，才讓我們給他下了個定義。

反過來說：假如這個組合有杯子的「性」，代表不論它遇到什麼事件，這個「性」都不會改變；假如如此，那杯子就不會有破碎、瓦解（被改變）的一天了；或是就算破掉了，也應該要保有其作為杯子的「性」。《中論》云：「性若是作者，云何有此義？

性名為無作，不待異法成。」

方便之道

如果以人來看，當我們說一個殺人的人是壞蛋，「壞」就成了他的「性」，但這究竟是客觀的，還是主觀的？如果是客觀，那不管什麼情況之下，他殺人就是壞的，就算他是為了保護自己的小孩，而殺了一個搶劫犯，也是一樣。但事實真是如此嗎？一般人基本上不是在某些情況下，才會殺人嗎？

所以，從這個角度來說，大乘者會告訴你，殺人這件事情不是因為這件事情「性」上就是壞的，而是因緣產生的；這時候，你就不能說他客觀上是壞人，而是在某些人的主觀上而言是壞人。

大乘佛法和小乘佛法在辯論這個核心觀念的過程中，大乘佛法瓦解了小乘所謂客觀上的善惡、對錯、好壞。在此時，大乘道便開始了一條詮釋的道路，叫做「方便之道」：也就是說，大乘菩薩會做很多實際上對他來說不一定是好的事情，但他會因為知道這件事情的作用而去實踐。他把這些事情視為一種方法、手段，而不認為這些技巧在客觀上有好壞可言。他不再是為了符合客觀上的道德而偽善，反而是為了自己主觀上的利他主義而付出。

前面章節提過大悲商主在船上殺掉預謀殺人犯的故事，就是一個很好的例子。殺人這個行為，以小乘佛法來看，客觀上來說是惡的；但依照大乘的觀點，其主觀上卻沒有善惡可言。如果真的把「惡」當成一個「性」，那代表其不管在什麼情況之下，都是惡的；但從前面舉過的這些例子來看，顯然並非如此，而是取決於你的動機。這樣的空性理論，主要便在龍樹的著作中呈現。

⊙不被成見所束縛的「緣起性空」

我們在原始佛法的經典中，可以看到佛談了很多「緣起」，也就是因緣之間的關係、事物與事物之間的關係；而在大乘佛法重要的《般若經》裡面，佛則談了所謂的「空性」，而那些理論非常複雜。

拿「照見五蘊皆空」這句話來說，如果沒有經過解釋，就會非常有可能被解釋為虛無主義。但是，龍樹提出了一種獨到的解釋，也就是把原始佛法所說的「緣起」、和大乘佛法所說的「空性」連結在一起。他認為，只要是緣起，就必然是空性，都沒有一個獨立真實的存在。《中論》云：「眾因緣生法，我說即是空，亦為是假名，亦是中道義。」

如前所說，小乘佛法所提出的修行技巧，只能瓦解對於「我」的執著、得出人無我的結論，但反而強化「其他事物」的「客觀價值」；而大乘的論證，則是從瓦解所有事物的「客觀價值」開始，進而平等地破壞我們對於「我」和「其他事物」的執著。

小乘的「無方極微塵」

面臨到這個挑戰時，小乘佛法提出了一種哲學觀——「無方極微塵」。這個論點是：當我們把事物一直往下分析，會來到最細微的分子、微塵，而它是不可再分割的。此處的「無方」，是指不可分割，因為不可再分割了，也就成為了真實、獨立的存在。而小乘佛法認為，這個「真」的事物，構成了假的世界；既然外在有一個最細微的「真」的事物，那自然就有最根本上的客觀價值。

《大毘婆沙論》就說：「問：『若法是色，彼法有變礙耶？』答：『若法有變礙，彼定是色。有法是色，而無變礙，謂：過去、未來色，及現在極微、無表色。』」就是在說，最細微的微塵本身沒有變化、是「真」，但這些「真」構成了有變化的「假」。

然而，這種論述其實已經逾越了原始佛法的範圍，不過因為原始佛法本就不談哲學性的問題，因此小乘佛法是從別處借用觀點過來，而他們選擇的是類似吠陀主義的「吠壇多」的二元論思想。也就是認為，整個世界是由兩個最細微的因子：最細微的精神與最細微的物質所構成的。

這種哲學觀捍衛住小乘佛法的幾個觀點：

一，論證客觀的善惡對錯存在，符合小乘佛法的因緣論。

二，客觀的價值存在並不會破壞人無我的觀點：事物雖然是由客觀構成，但這些細節也不會構成一個獨立的「我」。

大乘的「一切法空」

相對來說，帶有浪漫主義、反對教條與物理性的大乘佛法，自然對於這種論述無法接受。其中代表性的龍樹，更是繼承了《般若經》的空性思想，但為了強調「大乘的思想源自原始佛法」，所以他不但只宣揚《般若經》的思想，更從原始佛法的經論裡面，找到一些證據去佐證大乘的論點。

比如他從《迦旃耶所問經》中找到一些來源，去證明他「一切法空」的理論有原始佛法的經典可依循。他認為：就算最細微的東西，邏輯上也必定可以分割；再者，所有事物都是受到其他因緣所影響，哪有「性」、也就是獨立存在可言？

重點來看：當我們一開始就是站在「二元論」的立場來分析事情，那必然就會傾向於有最細微的二元存在，而這細微的二元是不受任何東西影響，必然存在的；但這種論述必然會走向肯定某種「性」，而肯定這種「性」就會使我們肯定某種客觀價值，進而掉回小乘佛法的世界觀中。

用一個極端的例子來看：現代社會講究「天賦人權」，《美國獨立憲法》也說「人權是不言而喻的」，但是依照空性的觀點來看，沒有任何事物是「天賦」、是「不言而喻」、是「客觀的真理」，任何主張「天賦」的，必然會有其破綻。舉例來說，主張人權的份子，對於墮胎是什麼看法？人權的「天賦」在何時發生？受精卵的時候、還是有自我意識的時候？

重要的是，《中論》所提倡的空性思想，並沒有其主觀立場（比如認為從哪一刻起才有人權、哪一刻沒有），或者說他不表態；他的核心精神就是，當我們提出任何「天賦」、「客觀」的意義，必然就會掉入邏輯的陷阱，進而限制自己的行動（舉例來說，努力捍衛在生人的人權，但對墮胎毫不憐憫）。這種限制雖然沒有對或錯，但是會樹立一種又一種的成見，到頭來，不過是讓自己從一種認知迴路的煩惱，掉入另一種認知迴路的煩惱而已，並沒辦法真正透過主義式修行，得到解脫。

更白話來說：任何的成見與追求客觀真理的價值觀都會束縛住我們，把我們困在成見中。

⊙回到「內心」

總的來說，原始佛法在討論到客觀的存在時，講到「智慧必須如實」、如實觀照，也就是看到事物實際的樣子；這句話等於是在肯定，事物實際上有一個客觀的「標準」存在。

經上舉例：當一個人證悟時，他所看到的世界就如同「掌中菴摩羅果」。菴摩羅果是古印度傳說中的果實，據說它整個都是透明的，所以你可以看穿他的果皮、看到裡面的籽和所有細構；又好像看別人的頭髮，遠看是一整片，近看時就會看到一根根頭髮的組成，而不會認為是一整片。同理，對於原始佛法來說，當你觀察自己的五蘊，就會看到所有細胞和器官的運作，自然就不會有「我」的執著，這是一種「經由微觀而瓦解宏觀」。

然而，大乘佛法認為：當你再繼續往下分割，就會發現這些被認為是「客觀存在」的籽、頭髮、細胞，也是受因緣的影響而存在，所以邏輯上並不能從「我看到了微觀世界」推導到「宏觀的我不存在」，因為這樣的推導反而會強化「微觀的細構獨立存在」的認知。因此，大乘佛法認為，當我們要瓦解對客觀價值的框架與追尋，必須要從「因緣論」、也就是注意到事物互相牽連影響的角度下手，而不是一味地鑽到微觀之中。

可見，大乘佛法所推崇的利他主義修行，雖然源自原始佛法中在家人的修行以及小乘佛法的核心觀點，讓後學者在學習的過程中，更有具體的步驟、數目可以遵循；然而，這個過程中，又以大乘獨有的思想作為動機。

如前所說，相對於小乘佛法機械性、物理性的因果觀和修行觀，大乘重視的是主觀上的心態與思想。之所以能夠達到這樣的結果，正是因為，大乘的核心觀點，瓦解了小乘的客觀價值理論：既然世界上沒有客觀價值可言，那自然只能回到主觀價值，也就是「內心」、正確的心態，才是修行最為根本的核心。所以大乘佛法因此而非常強調動機和心態。

從此來看，大乘的主義式修行與小乘的物理式修行有幾個根本上的差異：首先，前者基於其入世的態度，帶有更多包容、浪漫的特色，從宏觀的角度，來調整我們的認知；後者重視的，則是以禪定來發起「微觀」的力量。可知，調整認知、或是漸漸瓦解我們的成見，是大乘修行、入世修行或是「主義式修行」的重要目的和根本，其結果是漸漸消除對立，達到平等。

平等，可以說是大乘佛法非常重視的一個概念，是早在阿育王時期就有的精神，在《般若經》、《維摩詰經》等達到極致。而這種平等，並不是翹翹板正中間式的平等，也不是理論上齊頭式的平等，而是透過利他主義、六度心態、三輪體空而達成的「無成見」之平等。

無成見，以佛法名詞來說即是「無想」、「無妄念」。大乘認為，我們所感知的痛苦之關鍵問題，不是來自於我們看不清客觀的外在（這是屬於小乘系統的思想。反過來說，如果大乘也認為這是問題所在，那大乘的修行毫無意義！因為主義式修行，無法改變我們的觀察能力，觀察能力必須透過專心致志的禪修培養），關鍵的問題是我們的「成見」。在這個地方，我們將核心戰場從「發現客觀世界」轉向「扭轉既有成見」，而這其實也是原始佛法所在意的、所重視的戒定慧的手段，不過是要讓學人認識到一個暫時的客觀世界，進而扭轉內在的既有成見。

既然大乘肯定了「既有成見」不一定來自客觀世界（也就是上一章談論心的獨立性之目的所在），那麼也就是說，「扭轉既有成見」的方式，不一定要經過「禪修——發現物理事實」的途徑，還有「主義式修行」這種從「想法」、「念頭」上下手的方法，而這也是大乘的修行核心，所謂：「據《金剛經》及諸大乘經皆云：『離一切妄想習氣，則名諸佛。』」《楞伽經》也說：「緣有妄想，則見有大小乘，若無妄想，則離大小乘，無乘及乘者，無有乘建立，我說為大乘。」

扭轉成見、泯滅想像，是大乘的關鍵，這也是其看待煩惱、痛苦等「毒草」的態度。煩惱本身不是「毒」，那個「毒」來自我們對煩惱的預設立場：恐懼、緊張、衝動、激情，才強化其「毒性」，變成有害的行為。當我們意識到，煩惱不過是條件所催生、也會隨著條件滅去，我們就不會下意識地害怕煩惱，反而能看清煩惱、正確地解決它。

不過，這種觀點、修行技巧也因此而面臨各種批評。許多人認為，大乘的修行根本就太過抽象、太過虛無，而被小乘佛法批評為根本無法實踐，因為根本沒有任何標準可言。所以，對於大乘的主打菜——空性的思想——有更多認識，就是大乘行者不可閃躲的責任，否則，一位大乘行者要怎麼檢視自己的利他之途正不正確、要如何面對小乘者的批評？

【問答】

問：「禪定」、「禪思」、「主義式修行」的差異

答：禪思是簡單版的禪定；而禪定則是專注一處的內心訓練，是佛法、特別是原始佛法很重視的技巧，雖然它不只是佛法重視、而是當時印度許多修持的共通方式，但是佛法認為，透過禪定的過程令心理專注而穩定、才能看清楚實相。

然而，禪定帶有強烈的「排他性」。比如一個良好的禪定狀況，基本上最好就要在不受他人干擾的靜處進行；行者也必須先持守戒律以約束行為，才能真正有禪定的效果。這些排他性都是禪定的必要條件，然而這對於忙碌的現代人來說，非常困難。

主義式修行則不用帶有這種排他性，也就是說，我們不需要先怎樣怎樣，才能達到一個良好的禪定結果。各行各業的任何人，都可以是主義式修行者，其唯一要求就是「懷抱著某種價值觀」，並且在每天的日常中，去再再強化這種價值觀，而扭轉我們本有的「我執主義」等有漏的認知模式。

問：做利他行為要不抱持任何期待，是否跟「為善不欲人知」的用意相近？這種心態怎麼培養？

答：如果「為善不欲人知」的「為善」，是以「道德教條」作為根本，那與利他行為的本質不一樣。利他行為完全不是一種教條或道德，而是一種「選擇」，是在發現「自我主觀」是痛苦之根本後，決定透握「利他」這種行為，來弱化「自我主觀」的過程。換句話說，一個行者必須先認知這幾件事情，才能真正地發起利他行為：

a. 自我主觀意識的有害性

b. 弱化自我主觀與快樂的正關係

c. 利他行為與弱化自我主觀的因果關係

才能真正非教條地、自在地、心安地走入大乘利他主義。

4 緣起性空是怎麼一回事？

我一滿十八歲就去駕訓班報名，準備考台灣的駕照。記得那時候術科的課我一堂也沒有缺過，但是學科的課我只有去過一堂，好險後來考試的時候拿了九十分，學科表現沒有太丟臉。而術科就更不用說了，反正我是在原場地考照，所以大抵只要把一些基本規矩背起來：「方向盤左轉九十度，往後走看到那個柱子，回正……」也就行了。

不過，印象深刻的是其中有一堂道路駕駛，我的教練讓我把車一路從淡水開到士林，上了陽明山再從金山端下。整個過程中，他只一直強調一句話：「教練場開車跟道路駕駛不一樣。」

沒錯，道路上有很多突發狀況，教練場沒有；教練場每個動作都要做得標準，道路上不一定；教練場只能「模擬」道路上的樣子，我們要真的面對問題，就必須開到道路上。

大乘佛法與小乘佛法的差異也在這裡：大乘佛法重視「唯其一心」的價值觀，並不像小乘佛法傾向追尋客觀世界的客觀價值，為什麼？因為大乘學人在面對社會時，有太多變數、太多突發狀況，分分秒秒考驗他的內心，硬梆梆的規矩，只會讓其更無法真正地實踐利他主義。

因此，大乘行者不但更重視內心的主觀定義，也經由龍樹的付出，而從繼承《阿含經》的《般若經》中，找到其思想根本：空性。然而，如果將這「空性」的理論摸得透徹，卻忽略空性的意涵，是為了讓學人在社會利他過程中能夠「心無罣礙」，反而走入理論的巨塔、或者說「教練場」中，那也不過是另一種極端罷了。這或許就是為什麼，龍樹在《中論》中強調空性與緣起的一體兩面；換句話說，了解空性的人，應當學習用那樣的態度看待、掌握緣起，而不是流於空談。

⊙ 大小乘皆以原始佛法為土壤

在上一章裡，我們介紹了實踐大乘利他之道的關鍵心態「三輪體空」，以及這個「空性」與小乘佛法的「無我」之間的差別。然而，大乘的空性理論被公認為是一個非常複雜的思想，難以一言以蔽之，因為它並不是一種先從某個理論雛形誕生，一步接一步發展成熟的東西，而是同時摻雜了非常多不同的元素發展而成，所以我們很難確切地用一條縱軸來定位它。不過，我們仍然可以從一些線索，去爬梳出大乘空性理論的特質。但，為什麼要這麼做呢？

大乘佛法的學人，大多追求的是佛身、慈悲與智慧，也帶有行動派、實踐派的積極特性；講白一點，就是在追求「有」、「擁有某個東西」，並且把追求「有」的利他之道架構在「空」的基礎之上。

正是因為如此，大乘佛法必須去解決「空」的議題，也就是其核心思想態度，否則就無法彰顯它跟原始佛法、乃至於小乘佛法在智慧上的差異。而如果大乘佛法在智慧上沒有其獨特性，其投入禪修的時間又往往沒有原始佛法多、深，那要怎麼解釋其如何面對世俗的種種煩惱？

在開始探討這個問題之前，我們必須先有一個重要的認識：在整個佛法的發展史上，「原始佛法」是大家共同的土壤；在這個土壤之上，長出了小乘佛法的枝枒，同時也結出了大乘佛法的果實。因為許多現代人往往普遍有一種誤解，以為小乘佛法先從原始佛法萌生出來，然後再孕育了大乘佛法；或是以為大乘佛法根本就是從別的地方傳過來的（稱為「大乘異源說」）。但我們一定要了解到，大乘佛法也是始自原始佛法的。

⊙小乘中的科學與真實

在原始佛法中，佛陀給了一個最重要的核心教導。在上一章有介紹過，也舉了車子和零件的例子來解釋：人是由五蘊構成，所以沒有一個獨立、真實、客觀的主宰者（人）存在。

當時，大家對所謂的「真實、客觀」的定義有個共識：你可以具體地指出它、把它分析到最極致而不可被分割的東西，才叫「真實」。這個概念並不是印度哲學獨有，在許多其他文化裡面也有出現。例如，英文單字 individual（個體）指的就是獨立存在、而且 indivisible（不可分割）的個體。

主流的西方思想和宗教中，普遍認為有一個不可被分割的東西、或是獨立的靈魂存在；但是在原始佛法中，其最核心的理論就是「沒有一個個體的人存在」、「沒有一個不可分割的靈魂存在」，因為人是由五蘊所構成的，既然有「五」，就沒有「不可分割」。原始佛法中，就是以這麼一段思想作為它的核心內容，再從各式各樣的方式去描述。

西方科學革命 vs 小乘佛法

原始佛法提供了這樣一個土壤，小乘佛法在此基礎上再開展出自己的論點：人不存在，但五蘊真實存在；也就是說，儘管在五蘊之中，沒有一個主宰者（我）的存在，但這個五蘊本身是一種真實、客觀存在的東西。在小乘佛法的發展過程中，便一直受到這種「五蘊真實存在說」的影響，專業術語來說，就是肯定五蘊的「性」。

不過，這個論點之所以會成形，其實並非全是由小乘佛法自己發展而成，而是受到了婆羅門教的影響。在上一章結尾有提到，小乘佛法這種相信「真實、客觀存在」的理論，興許是受到了婆羅門主義的二元論思想所影響，而這與婆羅門教的創世觀有關。

當時的婆羅門教，提倡所謂的「流出說」來解釋他們的創世故事，而這種創世紀觀點屬於二元論（精神與物質）；如果是一元論，那就是肯定最原始的世界構成只有精神或物質單一的存在。但當時的婆羅門教主義、特別是數論（印度哲學）認為，創世之初，有一個最細微的物質分子和一個最細微的心識（經驗、靈魂）存在；而在太初混沌之時，這最細微的物質與最細微的精神互相作用，進而創造出整個世界。

為什麼要稱作「流出說」呢？這是印度哲學一個很特別的說法。我們先拿基督宗教為例：他們認為上帝創造了世界，而上帝跟世界是分開的、分別獨立存在的。但是，婆羅門教並不這麼認為，他們認為，最初的源頭跟後面生出的事物，就像是上游的水跟下游的水一樣。一條河的上游跟下游，你會說是同樣的東西嗎？好像不太對。但說他們是分開存在的嗎？好像也不是。這就是流出說的表現，也是婆羅門教創世觀中很有趣、也很重要的一塊。

不過，為什麼小乘佛法會受其影響？我們在前面的章節提過，小乘佛法是一種比較唯物主義、機械觀、物理性的思想。而認同唯物主義和機械觀的人有一種特性：較為相信外在世界有客觀價值的存在，我們現代的科學發展脈絡也是本著同樣的道理。

我非常喜歡的一本書——《人類大歷史》，是以色列歷史學家哈拉瑞所著。在書中他談到，人類在歷史上經歷了一個重要的認知轉變，造就了科學革命；因為這個認知轉變，人開始把詢問的目光從宗教經典投向外在世界。

在古代，人們認為世上的一切答案都寫在《聖經》等文獻裡；但是，中古時代的科學家開始觀察外在的自然世界，漸漸轉而從客觀世界本身來尋求答案。這樣的認知轉變，導致了整個科學革命，也讓人類文明從此邁向理性主義與科學至上的世界。這樣的認知，跟小乘佛法的世界觀不謀而合：相信、或是認為外在世界有客觀的價值可言。

講個題外話：我們現在這些做大乘藏傳佛教研究的人，常常因此開玩笑說，科學家對世界的認識還停留在小乘佛法的階段。

「虛假」奠定在「真實」上？

我們在上一章也提過，小乘佛法認為，因為一切事物是由「無方極微塵」構成的，而那是不可分割的東西；所以他們相信，絕對有一個客觀價值、外在標準的存在，也就是所謂的「真實」。

舉個例子，李白在其詩〈月下獨酌〉中，留下了千古名句：「舉杯邀明月，對影成三人」。學校的國文考試都很喜歡考這道題目，問學生這三人是哪三人呢？答案是李白自己、李白的倒影和月亮。我們就拿這一幅畫面來看，在畫面中，除了李白和他的影子和月亮，應該也有映在酒杯中的倒影。我們都知道，李白的倒影不是李白，杯中的月亮倒影也不是月亮，但是，肯定是有一個李白，還有一個月亮，才會有他們的影子和倒影吧？如果沒有李白和月亮，又怎麼會有倒影呢？

從小乘佛法的觀點來看，這個譬喻象徵的，就是：所有虛假的表面，背後一定有個真實的基礎。換句話說，我們可以看到滿街都是《蒙娜麗莎的微笑》的複製品，但一定會有一個最源頭、真實的那一幅畫存在，由這個「真的」去創造出那些假的東西，而那個真的東西，就是最基礎、不可分割的。這是小乘佛法第二個重要的論點。

總結前述的討論，小乘佛法的唯物主義觀，就是表現在兩個核心內容上：

1、肯定外在客觀價值的存在。

2、進而肯定外在某處有一個真實、不可分割的東西。

在這樣的情況下，小乘佛法不會認為五蘊是「空」的。的確，在五蘊之中並沒有「我」的存在，也就是「人無我」；可是他們在分析這五蘊時，絕對不會承認，這五蘊到最後也是假的，而是認為五蘊中一定有一個最細微、不可分割的東西存在。

比如在《俱舍論》中，就曾經針對五蘊假有、極微塵有作用而真實做出辯證：「是故如聚蘊定假有。若爾，應許諸有色處亦是假有：眼等極微，要多積聚成生門故！此難非理：多積聚中一一極微，有因用故。」

這就是小乘佛法從原始佛法中，提煉出來的思想。

⊙大乘中的哲學與真理

而大乘佛法在原始佛法的土壤上，長出了另一種截然不同的枝椏。這枝椏從哪裡冒出來的呢？從《般若經》就出現了。

《般若經》是大乘佛法非常早期的經典，基本上，我們可以把大乘佛法的經典分成「古大乘」與「新大乘」。不過，雖然是這麼分，其實也沒有真的多古多新，這個分界大約是以西元二世紀的龍樹作為標準來劃分。

一般認為，龍樹在其著作引用過的經典，就稱為古大乘經典；而龍樹之後出現的經典，則是新大乘。重點在於，雖然古大乘與新大乘對空性的態度不太一樣，但古大乘公認最重要的經典，就是《般若經》；在當時，這部經典可謂劃時代的巨作，其中最重要的論點就是「一切法空」，也就是「五蘊也是空性」的論述。然而《般若經》裡面，並沒有具體地告訴我們「五蘊也是空性的」的整個完整邏輯為何。

人是空的，五蘊也是空的！

我們在中文的《心經》中，都會唸到一句話：「觀自在菩薩行深般若波羅蜜多時，照見五蘊皆空。」這句話非常之有意思：《心經》是翻譯自梵文，但大家現在認為比較完整的版本，是藏文的譯本；在藏文原文中，這句話是叫做「照見五蘊亦空」。

這個「亦」就是「也」的意思；就這麼一個字，使這整段話至關重要。這句話彰顯的是什麼呢？原始佛法談的是「人是空的」，但大乘佛法現在告訴你，五蘊「也是」空的。這段話是我們做藏傳佛教的《心經》研究時，被大家認為是最重要的一句話：不只有「人是無我的」，甚至連構成「人」的五蘊，也是空的。而這就跟前面所說的小乘佛法的觀點完全不同了。

為什麼大乘佛法要這麼說呢？

在《般若經》中，並沒有針對空性進行詳細、深入地、邏輯上的具體解釋，而只是提出了哲理上、形而上的口號與呼籲；而提供具體的解釋，則是由龍樹著手進行的。龍樹著述的《中論》，對整個佛法發展、特別是大乘佛法來說，具有非常重要的貢獻。

龍樹寫下《中論》主要有兩大貢獻，而這兩個貢獻是環環相扣的。

第一，當《般若經》在講空性的時候，許多人感到十分排斥與反感，因為這跟原始佛法的經典實在相去甚遠。《般若經》提出了五蘊皆空，但原始佛法明明就說，人是由五蘊構成的啊？因此，便出現了矛盾。

第二，如果沒有解決這個矛盾，那就會變成大乘佛法去違逆了原始佛法的義理，如此一來，大乘佛法便有「不屬於正統」的危機。

緣起，俱生

因此，龍樹便在《中論》裡面，把大乘佛法跟原始佛法之間的關係爬梳清楚，解決了矛盾，這便是他最重要的貢獻。而龍樹是怎麼解釋的呢？

他說，所謂的空，並不是指「都沒有」，而是在解釋「緣起」的真實面向。在《中論》

裡面，有一句很重要的話：「因緣所生法，我說即是空。亦為是假名，亦是中道義。」這句話被認為是對大乘的空性思想，最直接、最精闢的論述。

此處，龍樹將「緣起」的範圍放大到一切事物：為什麼五蘊也是空性？因為五蘊也是緣起的、所以五蘊也是空性。

那接下來，我們就會提出另一個關鍵的問題：什麼是「緣起」呢？

緣起的意思是：某物必須依賴於其他東西，才得以存在，這就叫緣起；它無法獨立存在，所以才叫做緣起。我們前面談過，「個體」是獨立、不需要依賴其他事物而存在的東西，所以緣起跟個體是完全對立的。從這個角度來看，當一切事物都必須互相依賴的時候，就沒有所謂哪個先、哪個後的問題；也就是說，雞生蛋還是蛋生雞的問題並不存在，他們是「同時」的。這裡的「同時」，並不是指在客觀世界上同時，而是主觀上同時存在。

舉個例子來說，媽媽跟小孩、誰先誰後呢？嚴格來說，在客觀世界來看，似乎是先有媽媽、才有小孩，對吧？但如果依照「緣起」的觀點，這兩者是同時存在的：一位女子是在她有小孩的當刻才被稱為「媽媽」，所以她作為「媽媽」是依賴於「有孩子」這個事件，兩者是相互依賴的、緣起的。這個道理在藏傳佛教的術語裡，稱為「俱生」，也就是同時出生的意思。

在這個基礎之上，龍樹想要論證的是：一切事物，有則同有，無則同無。此時我們又可以拿出車子的例子。

小乘佛法在解釋原始佛法的觀點時，認為組成車子的零件確實存在，但車子（也就是真實的我）本身不存在。而龍樹的論點是：當我們用一般的標準來看時，零件跟車子都是存在的；但如果我們用更深入的標準來看，也就是討論「他們是不是個體」的時候，則兩者都不是個體，所以他們都「同無」。

這是龍樹最重要的一個論點，也就是把「人」跟「五蘊」拉到同一個標準來看。從他的第一句話「因緣所生法」，這就是在講「有」，有則同有，車子跟零件都是存在的；但是用真理的角度來談時，則全部都是空，也就是第二句「我說即是空」。所以，不論是五蘊，還是五蘊組合而成的「我」，都是一樣的，沒有前者真實而後者虛假的問題。

⊙大乘跟小乘的道德標準不同

為什麼這個論點這麼重要呢？我們在前面的章節一再提過，大乘佛法提出了空性的論點，而否定了客觀價值的存在，把一切都回歸到主觀價值上來談；但當我們以主觀價值作為一切標準時，我們的善惡標準、道德標準就只剩下行為的動機可究：因為我們再也無法用單純的一個客觀行為，去判斷一個人的善惡、好壞。換句話說，大乘佛法把這種當時盛行、保守、小乘佛法推崇的道德跟價值觀都抹除了。我們可以在《大寶積經》中，佛陀與一位小乘行者的對話中，看到這種拔除舊有客觀價值的表現：

> 汝今當知，聲聞、菩薩學清淨戒，所有心、所修行異。優波離，有聲聞乘持清淨戒，於菩薩乘名大破戒；有菩薩乘持清淨戒，於聲聞乘名大破戒。
>
> 云何名為聲聞乘人雖持淨戒於菩薩乘名大破戒？優波離，聲聞乘人乃至不應起於一念、更受後身，是名聲聞持清淨戒；然於菩薩名大破戒。菩薩摩訶薩修行大乘，能於無量阿僧祇劫，堪忍受身不生厭患，是名菩薩持清淨戒，於聲聞乘名大破戒。以是義故，

為菩薩說不盡護戒，為聲聞乘說盡護戒；為諸菩薩說開遮戒，為諸聲聞說唯遮戒；為菩薩乘說深心戒，為聲聞乘說次第戒。

云何菩薩持不盡護戒？聲聞乘者持盡護戒？菩薩乘人雖持淨戒，於諸眾生應當隨順，聲聞乘人不能隨順，是故菩薩持不盡護戒，聲聞人持盡護戒。

云何名為菩薩持開遮戒，聲聞乘人持唯遮戒？若諸菩薩於大乘中發趣修行，日初分時有所犯戒，於日中分不離一切智心，如是菩薩戒身不壞。若日中分有所犯戒，於日後分不離一切智心，如是菩薩戒身不壞。若日後分有所犯戒，於夜初分不離一切智心，如是菩薩戒身不壞。若夜初分有所犯戒，於夜中分不離一切智心，如是菩薩戒身不壞。若夜中分有所犯戒，於夜後分不離一切智心，如是菩薩戒身不壞。若夜後分有所犯戒，於日初分不離一切智心，如是菩薩戒身不壞。以是義故，菩薩乘人持開遮戒，設有所犯不應失念，妄生憂悔自惱其心。於聲聞乘有所犯者，便為破壞聲聞淨戒，何以故？聲聞持戒，斷除煩惱如救頭然，所有志樂但求涅槃，以是義故，名聲聞乘持唯遮戒。

復次優波離，云何菩薩持深入戒，聲聞乘人持次第戒？菩薩乘人，於恆沙劫受五欲樂，遊戲自在，未曾捨離菩提之心，如是菩薩不名失戒；所以者何？菩薩善能守護安住菩提之心，乃至夢中一切結使不為其患，而是菩薩所有煩惱漸漸當盡，不應一生便盡諸結。聲聞乘者，成熟善根如救頭然，乃至一念不熹受生，以是義故；大乘之人持深入戒，設有開遮，名不盡護。聲聞乘人持次第戒，名曰唯遮，名為盡護。何以故？優波離！求大乘者，於阿耨多羅三藐三菩提，甚為難得，具大莊嚴，乃能成就；是故菩薩雖於無量阿僧祇劫往來生死，終不生於厭離之心。以是義故，如來觀察為大乘人不應一向說厭離法，應當為說慈喜相應甚深微妙無染之法，遠離憂悔無繫著法，無障無礙性空之法。菩薩聞已，於生死中而無厭倦，決定圓滿無上菩提。

在這段對話中，佛陀分析了小乘與大乘的差異。他提到，大乘人跟小乘人持戒（也就是道德標準）的方式不一樣。怎麼說呢？小乘持的戒，對大乘人來說是不正確的，反之亦然。

佛陀先解釋，對小乘來說，「好」的戒是壓根兒不應該起任何欲望，也根本不應該想要轉世，這是小乘的清淨戒；但對大乘來說，這卻是最大的破戒，因為，大乘就是要利益他人，要在漫長的轉世之中，也不會覺得憂煩。

不但如此，佛陀還一條一條地細數。有一種狀況是：「菩薩乘人雖持淨戒，於諸眾生應當隨順，聲聞乘人不能隨順。」這是什麼意思呢？舉最簡單的例子來說：戒律規定，出家人是不能吃晚餐的。但若你是修行大乘菩薩道，又是一個出家人，當人家想供養你晚餐時，你就必須接受，這就是隨順；但是小乘就不能這麼做，否則就是破戒。

這樣的相互矛盾之處到了什麼樣的地步呢？「聲聞乘者，成熟善根如救頭然，乃至一念不熹受生。」這段的意思是，對小乘來說，在你犯戒律的當下，你就破戒了。因為小乘人要努力斬斷一切的煩惱，就好像頭燒起來的時候，要趕快救火一樣，你所做的一切行為，都是為了要涅槃、解脫、寂靜。

但是，對大乘來說，你在做錯事情的當下並不會破戒，而是在做錯事情之後，卻沒有意識到自己做錯了事，才會破戒。

這種關鍵的差異，就是來自於小乘是非常客觀真實、機械化，甚至是僵化的；破戒就是破戒，沒破就是沒破，沒有任何模糊地帶。可是，大乘的破戒是跟內心有極大關係的，因為大乘有極為注重內心主觀動機的傳統。

「菩薩乘人，於恆沙劫受五欲樂，遊戲自在，未曾捨離菩提之心，如是菩薩不名失戒。」這段話的意思就是在說：假若有一個大乘者，在很長很長的時間裡，接受各種享受，吃好的、穿好的、用好的，只要在這個過程中，他沒有想要放棄成佛的念頭，那就是沒有失去戒律。可是，小乘者一旦接觸到這些享受，就算觸犯了戒律，因為對小乘者來說，享受、欲望都是壞的。

「菩薩所有煩惱漸漸當盡，不應一生便盡諸結。」在這段經文中，佛陀解釋，大乘人不應該馬上把所有煩惱斬斷，而是要慢慢來，因為他們的目的是為了要利益更多眾生，所以應該要多花許多時間留在輪迴之中。

這就是為什麼大乘要一直提「空性」。如果不談論空性，那大乘的修行根本就沒有立論基礎；如果不講空性，那就表示一切的道德、價值與戒律，都有客觀的絕對標準可言，非黑即白。在這樣的情況下，你不可能像之前介紹的大悲商主一樣，為了救人而殺人，也不能因為要利益他人而放棄自我的戒律。

如果拿我們現代常遇到的道德困境來講，舉例來說：當你面臨中風病危的親人時，你得用盡一切努力去救他，就算會造成他極大的痛苦，救回來後變成植物人，你也不能放棄急救。為什麼不行？因為客觀上，不急救的冷漠就是錯的行為、就是在害死病人。

但是，對大乘菩薩道來說，為了不要讓病人和整個家庭承擔後續的痛苦，他會願意放棄急救，而且具有這個承擔責任的勇氣；這在大乘比較激進、比較鷹派一點的主張中，是可以接受的。

這就是為什麼大乘佛法如此強調空性的原因。因此，本身就較為浪漫不羈的大乘佛法，將價值從外在的客觀轉向內心的主觀，將心態與動機視為最高的評斷標準。如果大乘繼續被小乘倡導的客觀價值所綑綁，事事都要符合一個絕對的標準的話，就自然會無法實踐大乘利他之道的修行，無法利益他人了。

但我們一定不能忘記，這個「浪漫不羈」的前提，是在不放棄其根本價值：「菩薩乘人，於恆沙劫受五欲樂，遊戲自在，未曾捨離菩提之心。」也就是利他主義的前提。這是其主觀價值、主觀道德的核心準則；反之，如果菩薩失去了此核心，那就是真的虛無主義了。

⊙ 勝義諦 vs 世俗諦

我們剛剛在前面提到，龍樹的《中論》除了具體解釋了空性思想，將大乘的《般若經》與原始佛法的《阿含經》連結起來之外，第二個非常、非常、非常（很重要，所以要說三遍）的貢獻是：他在《中論》裡面提出了所謂的「二諦說」。

早在《中論》出現以前，部派佛教時代的各個宗派，就已經隱隱有提出所謂的「二諦論」，當時稱為「了不了義」，比如前面引用的《異部宗輪論》就記錄了各宗對這個議題的爭論：「大眾部、一說部、說出世部、雞胤部本宗同義者，謂四部同說……世尊所說無不如義……其多聞部本宗同義，謂佛五音是出世教：一無常，二苦，三空，四無我，五涅槃寂靜，此五能引出離道故，如來餘音是世間教……說一切有部本宗同義者……世尊亦有不如義言，佛所說經非皆了義、佛自說有不了義經。」

然而，龍樹把這個論述明確地做了說明，為佛法的經典開啟了一條非常獨特的研究方法。簡單來說，二諦說強調的是：佛陀在不同的經典所提出的不同說法，其所闡述的角度有多元的可能性（至少有兩種）。

龍樹為什麼要提出這樣的論點？就是因為大乘《般若經》和原始佛法《阿含經》的內容看似是提出相反的論點；而龍樹為了要解決這個矛盾，便告訴我們，佛陀在講經典的時候，有「二諦」的詮釋方式，也就是：

1、**勝義諦，也稱為「第一諦」，指的是直接解釋真理本身。**

2、**世俗諦，也就是用比較普世、一般的語言去解釋其表相。**

依照龍樹的說法，不是每個人都可以聽得懂勝義諦，所以佛陀會從世俗諦開始，先用普世的方式解釋，然後才會講到第一諦。龍樹在這裡想表達的是：原始佛法講的是世俗諦，而大乘佛法講的則是勝義諦，兩者並不相違背。換句話說，原始佛法所說的內容，其實是在為大乘佛法做準備，《中論》說：「若不依俗諦，不得第一義。」

這是一個相當重要的轉折，因為由此開始，佛法就進入了所謂的「二諦辯論」。

龍樹的「二諦說」畫出了一個界線：《般若經》講的空性，看起來好像很奇怪，跟《阿含經》差很多，但其實是因為，兩者是在講兩個不同的諦，佛陀是在解釋同一件事情，只是用兩個不同的面向來詮釋。就像我們面前的桌子上擺了一杯咖啡，我在介紹這個狀況的時候，我可以從「桌上有一杯咖啡……」開始介紹，但也可以從「桌上沒有奶茶、沒有白水……」開始講；真理本身並沒有變化，而這個「諦」只是詮釋的技巧、方式與切入角度不同罷了。

總的來說，龍樹先把「緣起」跟「空性」畫上等號，告訴我們，所有的緣起都不是獨立存在的個體；再來，他又提出了二諦說，對後世造成更深遠的影響；此後，大乘佛法開始出現大量的分裂，就是因為大家對於二諦的主張並不一致。

二諦說的重要性，正是定位了大乘的核心價值——空性，或是說無主觀等等；但是同時也重視原始佛法所關注的緣起。或者說，龍樹的立場在於，大乘並不是搞一條原始佛法以外的路，而是關注原始佛法同樣關注的問題，但是以小乘佛法的另外一種方式去看待它。原始佛法談緣起，小乘佛法也談，但同時認為緣起的每個區段都是「客觀存在的」；相對來說，大乘關注的也是緣起，不過強調的是緣起背後的空性。

這是一個非常重要的認知，因為不少人聽到「空性」後，會「忘記」這是一個大乘行者對待緣起、對待社會、對待生命的一切的一個態度，是透過「主義式修行」來改變我們看待萬事萬物的核心，反而將其視為某種哲學上的論辯，如此章開頭所說一般走入象牙塔，這徹底背離了龍樹的精神！

上面引用的那句《中論》內容，就是在說：不關注緣起，是看不到空性的。更白話來講：大乘學人的責任，是從接觸社會之中，體悟到「無主觀」這件事情；而不是不接觸社會然後空談「無主觀」。

另外，在討論第一諦的時候，大乘眾宗派之間可能都還有一個共識：所有緣起的事物必然是空性，所以它們沒有「個體」、獨立或真實的存在。但是從世俗諦來說，各宗派又是怎麼解釋的呢？有人認為，從世俗的角度來看，一切萬物同樣都是可以主觀看待的；但也有人說，不對，世間萬物是有客觀標準的，比如後代的一部名為《般若燈論》的著作就提到：「復次有等自性體空，於世諦中生義成故。」亦即肯定世俗諦上有「自性」可言（有趣的是，此論的作者實際上是屬於中觀的繼承人之一，但此是後話，暫且不表）。換句話說，大家慢慢開始在世俗諦上產生不同的說法與辯論。

龍樹畫的這一條線分開了二諦，提供了後代詮釋時的方法論與對話平台，此後的任何佛法宗派在辯論時，大都會先確定對方的這個論調是站在「勝義諦」上來說、抑或是「世俗諦」上來談。由此開始，大乘佛法內部的討論，開始注重於：要採取什麼樣的世俗諦觀點？

⊙ 一元論 vs 二元論

我們在前面提到，小乘佛法在解釋事情的時候，是以二元論為基礎。換句話說，他們的第一諦就是「人無我」；而在世俗諦上是講二元論，承認有最細微的物質與精神的獨立存在。

而大乘佛法的第一諦，都是講「空性」，這是大乘佛法各宗派的公約數；但是內部不同的流派，就會對世俗諦有不同的主張，這些主張裡頭，基本上就是分為一元論和二元論。換句話說，有些大乘宗派在解釋世俗諦的時候，採用了跟小乘佛法很像的說法，在世俗上承認有所謂的客觀價值存在，只是在真理上不承認而已。

前面提過，二元論認為，就真理的角度而言，我們的世界是由物質與精神構成的；一元論則認為，一切都是由精神構成，而沒有物質。一元論與二元論對我們有什麼影響？

一元論很浪漫、很美；在一元論的世界中，人們似乎就是自己人生的主宰，我們不再受外物的任何羈絆，來影響我們的一切。這很容易讓人走入一個極端：我內心的改變只需要經過我自己的決定，不會受到外力影響；甚至我不需要透過外力（無論是原始佛法的禪觀，或是早期大乘所強調的入世）來修行——也就是調整認知；更有甚者，就認為自己的想法、想像與自信就能改變世界，典型的表現可能就是類似「吸引力法則」之類的 New Age 技術。

當然，我不是否認他們的理論與系統絕對無效，因為我不懂，所以沒有能力對一個我不懂的東西批判。但是，我能夠確定的是：前期大乘佛法重視的是，透過與外在的互動，同時塑造成內在的「空性」認知，而不是完全「憑空」地想像出空性。其次，前期大乘也沒有否認二元論，特別是我們在前面幾個章節一直強調：大乘並不是否定原始佛法，而是提出原始佛法的「物理式修行」以外的另外一條路——主義式修行。

如前所說，在佛法興起的時代，印度文化正面臨著各種衝擊：捍衛傳統婆羅門價值觀的「吠陀主義」與反對婆羅門權威的「沙門主義」理論百家爭鳴，後者能夠生存、流傳至五六百年後的西元一二世紀，也就是龍樹出世時代，主要不外乎是沙門主義中的佛法與耆那教。

而在婆羅門思想中，最重要的中興力量、也就是與沙門主義抗衡的思想代表，即是數論派（Sāṅkhya）與吠檀多哲學（Vedānta）。前者是典型的二元論，主張宇宙由兩大根本元素——原人（補盧沙、士夫、原始精神）與原質（原始物質）所構成。後者則是一元論，認為宇宙的構成是由一體的「梵」與「我」所成，而此梵、我雖然並非可詮釋的個體，但是偏向有「精神」的特質，進而認為這樣的真理、精神構成了整個世界。

婆羅門教內部的這些哲學主張差異，某種層面上，就影響了後來大乘佛法不同的流派中對於世俗諦的解釋。

舉例來說，A跟B都是屬於大乘佛法的宗派，但是：

A在真理上承認空性，而世俗上承認二元論。

B在真理上承認空性，而世俗上承認一元論。

他們兩派會如何解釋事情呢？

A的說法是：以真理、究竟的角度來說，我們看到的桌子、咖啡全部都是因緣所生，我們的經驗也是，所以都不是獨立存在的個體。可是在世俗上，A會說，外在的事物確實客觀存在，他不會否定面前有一張桌子，也不會否定桌上有一杯咖啡。A不會否定這些事物的存在（世俗諦），只會強調這些事物沒有客觀價值（勝義諦）。換句話說，如果你說你看到杯子在外面，而經驗是產生在內心裡，A也不會否定這種分類。

B的說法則是：你眼前看到的一切，都是你的心投射出來的。所以不論是從真理還是世俗的角度來看，這些東西都不客觀存在，同時這些東西也都沒有客觀價值。

於是，「空性」、「沒有客觀價值」（第一諦）便是A與B的最大公約數，但在解釋世俗諦的時候，卻是有很大差異的。

在這樣的分歧裡，我會把B這種用一元論解釋世俗諦的宗派，稱為大乘鷹派，換句話說，他們與小乘佛法離得更遠。A至少在世俗諦上還有跟小乘佛法對話的空間，因為他們承認世俗上的二元論，但是B完全否定這種客觀存在的說法，所以我將這個激進的思想系統稱為鷹派。

大乘鷹派對我們的影響，遠比我們想像的深入，以下這些你聽過的說法，基本上都有大乘鷹派的影子：

・一切諸法，唯其一心。

・酒肉穿腸過，佛祖心中留。

・改變自心，世界會為你改變。

這種很「禪」的論調，本質上都是源自大乘鷹派的主張。這種主張的一大特色，就是幾乎否定了外在（再說一次，包括重視五蘊平衡觀察的小乘禪觀，或是前期大乘重視的入世修行）對內心改變的重要性，反而認為內心是一個幾近「獨立、主宰、根本」的存在；而這些思想的追隨者，往往容易落入受人批判為「空談」的困境，或是被認為是「心」的狂熱追隨者。

A之所以會在世俗諦上承認二元論，除了自身所受到的哲學影響，另一個原因，我們其實在前面的章節曾經提過：原始佛法的經典中，並不會把物到心的整個五蘊的觸發過程，拆成分立的兩個對壘。一旦拆成兩種，那接下來就會引導出很危險的問題：到底哪一個重要？

原始佛法中，「物」跟「心」還是處於同一個平面，是平等的狀態。所以依照A的說法，在世俗諦上面，物跟心都還是存有，而在勝義諦上則都是空性。這種主張就相當符合原始佛法的架構，因為物與心還是存有因果關係，可以說是在原始佛法與大乘佛法中達成調和的論調。但是，B這種大乘鷹派，其實已經完全脫離了原始佛法這種「物」跟「心」的因果關係。

⊙「萬法唯心」的詮釋

大乘鷹派的一元論主張：世俗諦上只承認精神、也就是只承認內心。換句話說，他們不但認為一切事物都沒有客觀價值，更認為這些在世俗的層面來看，一切事物也都是心的投射，都是心的影象。

我在《辯經．辨人生》中曾經討論過：我們究竟是如何經驗事物的？舉例來說，我用手觸摸眼前的這本書，而從「手摸到書」，再由神經訊號傳導到大腦，進而產生「摸到書」的經驗，其實是需要一定時間的，兩者不可能是在同時發生。也就是說，我們大腦所經驗到的訊息，永遠都不可能是事物本身，因為事物總是在「經驗」的前面，上一剎那、再上一剎那地過去。我因而以此引導出了一個結論，就是「我所經驗到的一切，不過都是感官傳導給我的資訊，我從來就沒有真實經驗到這個世界」。

原始佛法也認為，這些由感官傳遞的訊息，是所有主觀的喜惡、情緒、概念的源頭；所以，只要訓練自己的認知，就可以轉變我們對事物的經驗。而原始佛法的這個討論，就為大乘鷹派提供了理論的基礎。

在這裡，大乘鷹派更進一步提問：既然你從來沒有真實經驗過這個世界，那要怎麼證明這個世界存在呢？《唯識二十論》就延續上說的邏輯而追問：「剎那論者有此覺時，色等現境亦皆已滅，如何此時許有現量（直接又正確的經驗）。」

以這個主張為根本，大乘鷹派提出了一個重要的主張——「萬法唯心」，或稱「一切現象唯心」。

一切都是心的投射

具體一點來說，這句話的意思就是指：我們所經驗到的一切，都只是我們內心投影出來的景象。西方哲學有一種流派認為，假設外在世界的事物是一個直徑十公分的圓，我們內在的經驗是直徑一公分的圓，那我們就要不停地把內在經驗擴大，直到可以跟十公分那個圓重合。

古典哲學中，柏拉圖就有一個洞穴的比喻。這個比喻大意是這樣：有一群人被關在洞穴裡面，這個洞穴只有一個開口，這些人只能看到眼前的洞壁；而身後有光源照進來，這些人卻無法看到光源，只能看到光在洞壁上投出的影子。當然，這個比喻實際上更為詳細，但我們先說到這裡就好。

在這個比喻中，我們可以看到，那個光源就是一個客觀的外在存在。這個論點跟小乘佛法的其中一派「經部」很像。他們最有名的一句話，叫做「外物皆隱蔽」，意指：我們看到的一切，不過都是外在的真實事物投射給我們的資訊和影象，而我們從來沒有看過事物的本身，這就是我在《辯經．辨人生》引導到的結論。而「經部」也提出了跟洞穴比喻很像的例子，比如說，有一塊布遮住了事物，我們只能看到布透出來的輪廓，卻無法看到事物本體。

在原始佛法的時代，佛陀就有提出過這樣的論點，小乘佛法則是把它更加以強化。在這個基礎之上，小乘佛法採用了二元論，承認了外在物質的存在，所以小乘佛法會告訴你：要去追求與看到外在的事物、外在的客觀價值，那才叫如實觀照。這就與上面所說，「要把內在的小圓盡量擴張到等同外在的大圓」接近。

而同樣的這個論述基礎、這個認為我們從未直接真正經驗到外在世界的論調，在「萬法唯心」的大乘鷹派看來，得出了截然不同的一個結論：既然我們無法真正經驗到外在的事物，那代表外在根本沒有任何東西存在。

同樣的事情，兩派得出了不同的結論，正是因為一派是採用一元論的觀點，另一派是採用了二元論的觀點；而世俗諦上主張二元論的大乘鴿派們，相對於一元論的主張，更能夠肯定「外在事件」、「外在事物」對我們內心的影響。如果以我們上面的邏輯來說，就是其仍然重視「接觸社會」對我們內心所能產生的改變；也可以說，這就是重視「經驗累積」對「主義式修行」的重要性吧。

心淨則國土淨

我們在前面提到的A這種世俗上承認二元論的宗派，相對而言就是「鴿派」，因為他們並不像大乘鷹派一樣，完全否定了外在世界的存在；而鷹派、一元論最有名的代表，就是《維摩詰經》。《維摩詰經》承認了空性，也強調一切都是心的投射，裡頭最有名的一句話，即是「心淨則國土淨」。

舉例來說，許多人在讀到大乘的經典時，都會看到裡面提到佛有多麼莊嚴、完美，或是各種佛土有多麼金光閃閃的描述。很多人都以為，前往佛土就是真的來到一個金光閃閃的地方。但事實並非如此，如果單純是從字面上來解讀這些敘述，就失去了大乘佛法的真諦。

在《維摩詰經》裡有這麼一個故事：佛陀跟他的弟子們介紹十方諸佛的世界有多麼美好、多麼美麗。等佛都講完之後，某個弟子就問他：別的佛國那麼美好，為什麼你的世界長成這樣呢？都是山谷啊、森林，看起來很普通。佛陀就回答：那是從你那邊看起來是如此，但從我這邊看來就不是這樣了。

接著，佛就用腳碰了一下地，然後所有弟子都受到他的加持之後，就看到整個世界變成金光閃閃。原來，佛眼中的世界是如此美麗：

「爾時舍利弗承佛威神作是念：『若菩薩心淨則佛土淨者，我世尊本為菩薩時意豈不淨？而是佛土不淨若此！』佛知其念即告之言：『於意云何，日月豈不淨耶？而盲者不見。』對曰：『不也，世尊；是盲者過，非日月咎。』『舍利弗！眾生罪故不見如來佛土嚴淨，非如來咎；舍利弗！我此土淨，而汝不見。』爾時螺髻梵王語舍利弗：『勿作是意，謂此佛土以為不淨，所以者何？我見釋迦牟尼佛土清淨……於是佛以足指按地，即時三千大千世界若干百千珍寶嚴飾，譬如寶莊嚴佛無量功德寶莊嚴土，一切大眾歎未曾有。」

這個故事就呈現了大乘鷹派很重要的論點，後來在大乘的漢傳佛教中，「心淨則國土淨」也成了弟子們朗朗上口的一句話。但是，「心淨則國土淨」並不是那種阿Q式的自我安慰、「心靜自然涼」式的主張，而必須是建立在兩個論點上：第一，你必須在勝義諦上承認空性；第二，你要在世俗諦上承認一元論。唯有如此，才能得出「心淨則國土淨」這個結論。

空：心的投射 vs 緣起

為什麼我們要特別把大乘佛法的鷹派與鴿派講得這麼清楚？因為，到了大乘佛法後期，這些主張都混雜在一起了。比方說，大乘鷹派會告訴你：由於一切都是心的投射，所以是空性。但這就跟龍樹的論點不符，因為《中論》明明是說：因為一切是緣起，所以是空性。

而我們剛剛提及的大乘鴿派的說法，也就是肯定物跟心在世俗諦上都存有，勝義諦上才是空性。這其實也不盡然正確，因為根據龍樹的主張，從世俗諦來看，一切也都是緣起，要特別強調「緣起」這件事，才會導出勝義諦上是空性的結果。

總之，龍樹提出的二諦說，就能讓我們看清楚大乘佛法後來的發展，梳理出每個宗派的論點之間明顯的差異所在，可以視為分類大乘教派的平台。

那麼，龍樹本身的立場是什麼呢？他傾向於就是此處所說的大乘鴿派；因為，龍樹還提出了一個很重要的論點，就是認為二諦是不可分割、是一體兩面的，而這個一體兩面，指的就是「有則同有，無則同無」的意思。換句話說：緣起的一切事物之間，沒有「有物」而「無心」的局面可言。

如果從歷史背景來看，如我們前面所說，龍樹本人並不是開創一個新的宗派，而是以《中論》去強調《般若》與《阿含》的一體性，用現代話來說，他不是革命，他是復古。以這個思路作為基礎，在選擇世俗諦的論述時，自然會遵循更接近阿含系統的「二元論」；他在《中論》裡描述緣起的時候，就採用繼承自原始佛法的十二緣起論，肯定心識的運作源自外物的觸發，而說：「因而生六入，情塵識和合。」

大乘佛法接下來的論戰就變得更加紛雜。例如，大乘鴿派到後面，就對鷹派提出攻擊：如果鷹派在世俗諦上否認了物的存在，那要怎麼在世俗諦上證明心的存在呢？因為，以緣起來說，「心」是相對於「物」而產生的，如果你否定了物，那要怎麼證明有「心」？不過，這都將留待未來討論。

【問答】

問：「唯識」跟「唯心」有什麼異同？

答：現在一般提到的「唯識」，大都是在指後期大乘佛法中的唯識學派，但本書所聚焦的則是前期大乘佛法，與此學派不同；然而，本書中的許多議題，的確都作為了唯識學派的養分。

而此處所談的「唯心」，是對應於「唯物」來談的：也就是說，相對於原始佛法所提倡的機械式、物理式、僵硬而現實的修行技巧，是一種較為唯物的修行方式。大乘的修持方式是主義式的、意識形態式的、彈性而浪漫的，「較為」唯心的修行方式。

問：了解「空性」有什麼好處？

答：了解空性的好處可多了！對於現代社會的人來說，我們最大的困境或許就是「現實與想像不一」、「預測與結果不一」等等。而空性的核心精神，就是「一切都不過是我們自己的想像」，了解這個道理的人，內心會不再緊繃、主觀與「理所當然」，能夠更開放、包容與接受不同的想法，同時更對受到主觀所奴役的他人們有更多同理和理解。這都是了解空性的功德。

〔結語〕大乘佛法並非「取巧」

我用整本書的篇幅，就是要向各位詳細解釋，原始佛法是如何邁向大乘佛法。這個階段的大乘佛法，其實並不主張所有人都應該要走向大乘之道，而是還在強調自身合理性的時期。

大乘佛法的學人們走向大乘之道的動機都不盡相同，但是跟原始佛法和小乘佛法比起來，他們都有一個共通的特性，就是較為「積極」。這個積極展現在很多面向上，例如：他們於利益眾生比較有興趣；或者說他們不想止步於追求有漏的結束、追求解脫，而是更希望有一種「無漏」的開展。無論是哪一種，大乘行者都有更多實踐的動力。

某方面來說，許多人會認為，大乘這種積極的特性，帶了比較多「欲」。這種說法，並不是指走大乘之道就是要走「欲」之道，而是指：如果你是一個比較有「欲」的人，那或許就比較適合行大乘之路。

我的學生中，也有這樣極端的明顯例子。其中一位在看完原始佛法的書之後，就問我：「這樣就沒了？」他沒有辦法接受這樣的結論，可見這位就是比較有「欲」的學生。

另外一位學生呢，他是比較安靜的類型。而他就完全沒有想要發起「欲」，或是發起大乘所說的「菩提心」，也並不追求成佛這件事。他認為，解脫之後什麼都沒了，這樣甚好。

這兩個學生的例子，就恰好是我們在前面討論到的「種姓論」。有些人天生就是如此，也有人不是這樣，人就是如此多元。

總而言之，大乘以「欲」為核心，以帶有「欲」的人作為基礎，開展出來的修行方式，就沒有一個固定的套版，相比起小乘佛法，它更帶有活潑、多元、浪漫的特色。

這個多元呈現在什麼面向上呢？比方說，大乘佛法有很多元的道德價值觀，就跟我們前面引用佛陀跟優波離的對話一樣。小乘佛法非黑即白，說一不二，但大乘佛法在戒律上就擁有更多元的標準。換句話說，大乘之道的修行，是從「欲」開始；大乘理論的開展，是從「心」開始。

談論空性的時候，大乘強調內心的主觀力量；修行的時候，它的價值觀、道德與善惡觀，更是以心作為基準。而我們都知道，「心」是一個比較抽象的東西，所以大乘佛法對於抽象的包容度是非常高的。但是，這個包容性是建立在「利他主義」這個大乘學人的動機、「空性」這個大乘學人的根本價值觀之上。

透過行動來調整認知，透過認知來貫徹行動，正是此書所要介紹的大乘之法。大乘的法門，並不具有「排他性」，換句話說，你不需要放下什麼既有的生活模式、責任與型態，才能實踐大乘、才能開始訓練自心、才能得到解脫；我們唯一要謹記的，是大乘的價值觀與行動力，這兩者是大乘的根本，往往被譬喻為鳥的雙翼。一旦學人依照著這個核心來實踐，就能透過漸漸瓦解「主觀」進而瓦解「妄想」，相對於原始佛法認為的無明和欲望，大乘佛法認為「妄想」才是問題的根本。這也是為什麼，這樣的雙翼修行能夠達成效用：行動與思想的互相反饋機制，可以漸漸拔除我們既有的妄想。用更簡單的話來說，大乘提供的是面對世界的 How、不是 What。

在大乘的另外一部重要經典——《華嚴經》中，就描述了一位善財童子的故事，這個故事叫做「善財童子五十三參」。內容描述主人公拜訪了五十三位老師、參訪了五十三種大乘菩薩不同的利益他人的方法；這些方法包羅萬象，其中更有為妓這種幫助人的方式。這個善財童子的故事再次體現了，相對於原始佛教追求的五蘊終極的解脫，大乘佛法追求的是在解脫之後，還剩下一絲能夠利他的心念。在大乘佛法的術語中，這個力量就是智慧跟慈悲：智慧的力量幫我們終結五蘊，慈悲的力量幫我們利益他人。而這個慈悲的力量是如何利益他人呢？是不帶主觀的利益他人。所以大乘佛法的慈悲利益他人的方式，是千百萬種的。

由此開始，大乘佛法變得更加入世，而非只是規則化、教條式的修行方法。古時候，特別是在原始佛法與小乘佛法中，修行是有相當多的規矩的，你必須拋棄家庭，進入森林，必須出家，必須做這個做那個，是非常標準的制度。這種制式化有什麼好處呢？當然，它會比較有系統，但也隱含了僵化的危險。

而相對的，大乘就走向了對抗體制、拋棄僵化、走向社會的道路；一個人，甚至不是人類也好——任何一個生命，只要有這個心，有這個意願，就可以開始大乘的利他之道。他不受任何客觀的標準所束縛，唯由我們內在的動機所決定。

表現出這種多元理念的修行方式，就是所謂的「方便之道」。在大乘佛法中，「方便」這個詞一般都出現在「智慧」後面。這種智慧是什麼樣的智慧呢？此即「空性」的智慧。

當你了解到，其實沒有客觀的價值存在時，你的作法就能夠更加彈性，對他人也就能更寬容、就能接受更多東西。此即大乘利他的方式的基礎：共享、包容、主義式（因此重視推廣）。所以，在大乘佛法開展的時代，他們非常鼓勵把這種世界觀分享出去。

比如在大乘的早期經典中，每一部經典都會告訴你：「須菩提！若三千大千世界中所有諸須彌山王，如是等七寶聚，有人持用布施；若人以此《般若波羅蜜經》，乃至四句偈等，受持讀誦、為他人說，於前福德百分不及一，百千萬億分，乃至算數譬喻所不能及。」（語出《金剛經》）

這句話的意思，其實就是現在的「認同請分享」；而這所產生的福德，遠比一般在原始佛法中推崇的修行更有力，這就是在強調分享大乘價值觀的重要性。為什麼呢？因為大乘佛法就是要你推廣，盡可能讓更多人接觸到這個內容，認識到心的重要性。

如果是推廣小乘佛法，你就會發現，根本沒多少人能夠學習小乘之道，因為它的要求門檻實在是太高了。但大乘佛法就是把這種萬分明確的門檻給打破。它告訴你：只要從心開始，就可以成就。這是大乘佛法在利他之道上，早期的一種表現方式。因為經典的一切都是以「心」為中心，所以在結果上，也更重視心本身的情境，而不是追求遁世的行為。

因此，我們可以說，大乘修行的目的、開端、過程及結果，都是在心上面。這就是為什麼，大乘後來更加走向人群、走向社會，被越來越多人接受；當然，就如同前述，大乘鴿派與鷹派後來的裂痕逐漸增生，這也不是沒有風險的。但我們在此先不深談大乘在後期所遭遇的風險，而是要讓大家理解，大乘佛法之所以活潑又多元，是因為他們捨棄了客觀的對錯標準。

在這種稱為「方便」的法門之下，許多人都以為大乘佛法真的是一條很「方便」、「取巧」的道路，但事實並非如此。如果這條道路並不適合你，那你走上了，也不過是在自找麻煩；因為大乘之道是一條進入容易，但過程卻需要你披荊斬棘，花上好長一段時間才能走完的道路。

這其中所受到的挫折與困難，如前所說，是連觀世音菩薩都一度無法克服的。這種以「大慈大悲」為基礎，掌握到「沒有實際對錯」的智慧，進而去「實踐」的東西，才是真正的「方便」之道。大乘佛法所追求的，是無分別的利他。這種利他沒有好壞之分，而是可以用任何適合的方式，去利益眾生，才是大乘追求的終極利他形式。

最後，我認為，如果要說大乘佛法在今日遇到的最大挑戰與悲傷是什麼？應該避免什麼？我會說是：教條主義的大乘。

國家圖書館出版品預行編目 (CIP) 資料

辯經理性的浪漫：大乘主義的自由之路 / 羅卓仁謙著
. -- 初版 . -- 臺北市：商周出版：家庭傳媒城邦分公司
發行 , 2018.12
面； 公分
ISBN 978-986-477-591-0(平裝)

1. 藏傳佛教 2. 佛教修持 3. 佛教哲學

226.965 107021047

辯經．理性的浪漫：大乘主義的自由之路

作　　者　羅卓仁謙
文字整理　黃亦安
企劃選書
責任編輯　徐藍萍
編輯協力　于蕙敏

版　　權　黃淑敏、翁靜如
行銷業務　王瑜、闕睿甫
總 編 輯　徐藍萍
總 經 理　彭之琬
發 行 人　何飛鵬
法律顧問　元禾法律事務所 王子文律師
出　　版　商周出版　台北市 104 民生東路二段 141 號 9 樓
電話：(02) 25007008　傳真：(02)25007759
E-mail：ct-bwp@cite.com.tw　Blog：http://bwp25007008.pixnet.net/blog
發　　行　英屬蓋曼群島商家庭傳媒股份有限公司城邦分公司
台北市中山區民生東路二段 141 號 2 樓
書虫客服服務專線：02-25007718　02-25007719
24 小時傳真服務：02-25001990　02-25001991
服務時間：週一至週五 9:30-12:00　13:30-17:00
劃撥帳號：19863813　戶名：書虫股份有限公司
讀者服務信箱 E-mail：service@readingclub.com.tw
香港發行所　城邦（香港）出版集團有限公司　香港灣仔駱克道 193 號東超商業中心 1 樓
E-mail: hkcite@biznetvigator.com　電話：(852)25086231　傳真：(852)25789337
馬新發行所　城邦（馬新）出版集團 Cite (M) Sdn Bhd
41, Jalan Radin Anum, Bandar Baru Sri Petaling, 57000 Kuala Lumpur, Malaysia.
Tel: (603) 90578822　Fax: (603) 90576622　Email: cite@cite.com.my

封面設計　張燕儀
印　　刷　卡樂彩色製版印刷有限公司
總 經 銷　聯合發行股份有限公司　新北市 231 新店區寶橋路 235 巷 6 弄 6 號 2 樓
電話：(02) 2917-8022　傳真：(02) 2911-0053

■2018 年 12 月 25 日初版
■2023 年 03 月 04 日初版 3.3 刷
定價 300 元

城邦讀書花園
www.cite.com.tw

Printed in Taiwan

　ISBN 978-986-477-591-0